Secretos de la Cocina Italiana
Un Viaje Culinario a Italia

Antonio Rossi

Indice

masa de pastel salado 9

pastel de puerros 12

Sándwiches de mozzarella, albahaca y pimientos asados 14

Sándwiches de espinacas y robiola 16

Sándwich Riviera 18

Bocadillos triangulares de atún y pimientos asados 21

Bocadillos triangulares con jamón e higos 23

Manzanas Al Horno Con Amaretto 25

Tarta de manzana de Livia 28

Albaricoques en almíbar de limón 31

Bayas con limón y azúcar. 33

Fresas Con Vinagre Balsámico 35

Frambuesas con Mascarpone y Vinagre Balsámico 37

Cerezas en Barolo 39

castañas asadas calientes 41

conserva de higos 43

Higos cubiertos de chocolate 45

Higos en almíbar de vino 47

Higos fritos de Dora 49

Melaza en almíbar de menta 51

Naranjas en almíbar de naranja 52

Gratinado de naranja con zabaglione 54

Melocotones blancos en Asti Spumante 56

Melocotones al vino tinto 57

Duraznos Rellenos De Amaretti 58

Peras en salsa de naranja 60

Peras en Marsala y nata 62

Peras con salsa de chocolate caliente 64

Peras especiadas con ron 66

Peras Especiadas Con Pecorino 68

Peras escalfadas al Gorgonzola 71

Pastel de pudín de pera o manzana 73

compota de frutas caliente 76

Fruta Caramelizada Veneciana 78

Fruta con Miel y Grappa 80

Ensalada de fruta de invierno 82

Fruta de verano a la parrilla 84

ricota picante con miel 86

cafe ricota 87

Mascarpone y melocotones 89

Espuma de chocolate con frambuesas 91

Tiramisu 93

tiramisú de fresa 96

Tonterías italianas 98

Ponche de huevo 100

ponche de chocolate 102

Ponche de huevo frío con frutos rojos 104

gelatina de limon 106

Gelatina de naranja y ron 108

Coles de Bruselas al horno 110

Las coles de Bruselas con tocino 112

Repollo Dorado Con Ajo 114

Repollo rallado con alcaparras y aceitunas 116

Repollo con tocino ahumado 118

cardo frito 119

Cardo con Parmigiano-Reggiano 121

Cárdigan color crema 123

Zanahorias y Nabos con Marsala 125

Zanahorias Asadas Con Ajo Y Aceitunas 127

Crema De Zanahorias 128

Zanahorias agridulces 130

Berenjenas Marinadas con Ajo y Menta 132

Berenjenas A La Parrilla Con Salsa De Tomate Fresco 134

"Sándwiches" de berenjenas y mozzarella ... 136

Berenjenas con ajo y hierbas aromáticas ... 138

Sticks de berenjena a la napolitana con tomates cherry ... 140

Berenjenas Rellenas De Jamón Y Queso ... 142

Berenjenas rellenas de anchoas, alcaparras y aceitunas ... 145

Berenjenas Con Vinagre Y Hierbas ... 148

Chuletas De Berenjena Frita ... 150

Berenjenas con salsa de tomate picante ... 152

Berenjena a la parmesana ... 154

hinojo asado ... 156

Hinojo con parmesano ... 158

Hinojo con salsa de anchoas ... 160

Judías Verdes Con Perejil Y Ajo ... 162

Judías Verdes Con Avellanas ... 164

Judías verdes con salsa verde ... 166

ensalada de judías verdes ... 167

Judías verdes en salsa de tomate y albahaca ... 169

Judías verdes con tocino y cebolla ... 171

Judías verdes con salsa de tomate y tocino ... 173

Judías verdes con parmesano ... 175

Lavar Frijoles Con Aceitunas ... 177

espinacas con limon ... 179

Espinacas u otras verduras con mantequilla y ajo.. 181

Espinacas con pasas y piñones.. 183

Espinacas con anchoas del Piamonte 185

Escarola con ajo 187

Diente De León Con Patatas 189

Champiñones con Ajo y Perejil 191

setas genovesas 193

champiñones asados 195

crema de champiñones 197

Champiñones rellenos cremosos fritos 199

Champiñones Con Tomate Y Hierbas 201

setas en Marsala 203

champiñones asados 205

champiñones fritos 207

Gratinado de champiñones 209

Setas de ostra con salchicha 211

pimientos en vinagre 213

Pimientos Con Almendras 215

masa de pastel salado

galletas de mantequilla saladas

Rinde una base para pastel de 9 a 10 pulgadas

Se puede preparar una deliciosa tarta tipo quiche con queso, huevos y verduras. Estos pasteles quedan deliciosos a temperatura ambiente o calientes y pueden servirse como plato principal o como aperitivo. Esta masa es apta para todo tipo de tartas saladas.

Enrollé esta masa entre dos láminas de plástico. Evita que la masa se pegue a la tabla de cortar y al rodillo, por lo que no es necesario agregar más harina, lo que podría endurecer la masa. Para asegurarme de que la corteza esté crujiente en el fondo, cocino parcialmente la cáscara antes de agregar el relleno.

1 1/2 tazas de harina para todo uso

1 cucharadita de sal

1/2 taza (1 barra) de mantequilla sin sal, a temperatura ambiente

1 yema de huevo

3-4 cucharadas de agua helada

1. Prepara la masa: combina la harina y la sal en un tazón grande. Con una batidora de pie o un tenedor, agregue la mantequilla hasta que la mezcla parezca migajas gruesas.

2. Batir la yema de huevo con 2 cucharadas de agua. Espolvorea la mezcla sobre la harina. Mezclar ligeramente hasta que la masa esté uniformemente humedecida y se una sin quedar pegajosa. Si es necesario agregue el agua restante.

3. Dale forma de disco a la masa. Envolver en plástico. Refrigere por 30 minutos o toda la noche.

4. Si la masa ha estado en el frigorífico durante la noche, déjala reposar a temperatura ambiente durante 20-30 minutos antes de extenderla. Coloque la masa entre dos hojas de plástico y extiéndala formando un círculo de 12 pulgadas, volteando la masa y reorganizando el plástico con cada vuelta. Retire la hoja superior de film transparente. Utilice el papel de aluminio restante para levantar la masa y centrarla, con el lado plástico hacia arriba, en un molde para pastel de 9 a 10 pulgadas con fondo removible. Retire la envoltura de plástico. Presione suavemente la masa en el fondo y los lados.

5. Pasa el rodillo sobre el molde y corta el exceso de masa. Presione la masa contra el costado del molde para crear un

borde que sea más alto que el borde del molde. Enfríe la masa de masa en el frigorífico durante 30 minutos.

6. Coloque la rejilla en el tercio inferior del horno. Precaliente el horno a 450 ° F. Con un tenedor, pinche el fondo del molde para pastel a intervalos de 1 pulgada. Cocine durante 5 minutos y vuelva a pinchar la masa. Cocine hasta que esté bien cocido, 10 minutos más. Retire el plato del horno. Dejar enfriar sobre una rejilla durante 10 minutos.

pastel de puerros

Tarta de puerros

Rinde de 6 a 8 porciones

Me comí este pastel en una vinoteca de Bolonia. El sabor a nuez del parmesano y la crema realza el sabor dulce del puerro. También se puede hacer con champiñones o pimientos salteados en lugar de puerros.

   1 recetamasa de pastel salado

Relleno

4 puerros medianos, aproximadamente 1 1/4 libras

3 cucharadas de mantequilla sin sal

Sabroso

2 huevos grandes

[3]1/4 taza de crema batida

1/3 taza de Parmigiano-Reggiano recién rallado

nuez moscada recién rallada

Pimienta negra recién molida

1. Prepara y hornea parcialmente la base. Reduzca la temperatura del horno a 375°F.

2. Preparar el relleno: cortar las raíces y la mayor parte de las puntas verdes del puerro. Córtelos por la mitad a lo largo y enjuáguelos bien con agua fría entre cada capa. Cortar el puerro en rodajas finas de forma transversal.

3. Derrita la mantequilla en una sartén grande a fuego medio. Añade el puerro y una pizca de sal. Cocine, revolviendo con frecuencia, hasta que el puerro esté tierno al pincharlo con un cuchillo, aproximadamente 20 minutos. Retira la sartén del fuego y déjala enfriar.

4. En un bol mediano, bate los huevos, la nata, el queso y una pizca de nuez moscada. Agrega puerro y pimienta al gusto.

5. Vierta la mezcla en el molde para pasteles parcialmente horneado. Hornee durante 35-40 minutos o hasta que el relleno esté listo. Servir caliente oa temperatura ambiente.

Sándwiches de mozzarella, albahaca y pimientos asados

Sándwich de muzzarella

Rinde 2 porciones

A veces hago este sándwich reemplazando la rúcula con albahaca y el jamón con pimientos rojos.

4 onzas de mozzarella fresca, cortada en 8 rebanadas

4 rebanadas de pan rústico

4 hojas de albahaca fresca

¼ taza de pimiento morrón rojo o amarillo asado, cortado en tiras finas

1. Corta las rodajas de mozzarella para que se peguen al pan. Si la mozzarella está jugosa, sécala. Coloca la mitad del queso en una sola capa sobre dos rebanadas de pan.

2. Divida las hojas de albahaca y pimiento sobre el queso y cubra con el resto de la mozzarella. Coloca el resto del pan encima y presiónalo bien con las manos.

3. Precalienta una prensa para sándwiches o una parrilla. Coloque los panecillos en la prensa y cocínelos hasta que estén tostados, aproximadamente de 4 a 5 minutos. Si usa una sartén, coloque un peso pesado, como una sartén, sobre ella. Cuando los rollitos estén dorados por un lado, darles la vuelta, cubrirlos con un peso y tostarlos por el otro lado. Servir caliente.

Sándwiches de espinacas y robiola

Sándwich de espinacas y robiola

Rinde 2 porciones

La focaccia añade un agradable sabor y textura a los sándwiches prensados. Otras verduras pueden reemplazar las espinacas o utilizar las verduras sobrantes. Para el queso me gusta utilizar robiola, un queso tierno y cremoso elaborado con leche de vaca, cabra u oveja, o una combinación, del Piamonte y Lombardía. Otras opciones incluyen queso fresco de cabra o incluso queso crema. Agregue una o dos gotas de aceite de trufa al relleno para darle un sabor terroso y un toque de lujo.

1 paquete (10 onzas) de espinacas frescas

4 onzas de robiola fresco o sustituto de queso de cabra

Aceite de trufa (opcional)

2 cuadrados o gajos de focaccia fresca

1. Coloca las espinacas en una olla grande a fuego medio con 1/4 taza de agua. Tape y cocine de 2 a 3 minutos o hasta que esté suave y tierno. Escurrir y enfriar. Envuelva las espinacas en un paño sin pelusa y exprima la mayor cantidad de agua posible.

2. Pica finamente las espinacas y colócalas en un tazón mediano. Agrega el queso y pica las espinacas con el queso. Si lo deseas, añade una o dos gotas de aceite de trufa.

3. Con un cuchillo de sierra largo, corte con cuidado la focaccia por la mitad de forma horizontal. Extienda la mezcla en el interior de las mitades inferiores de la focaccia. Coloca la parte superior de los bollos y aplánalos suavemente.

4. Precalienta una prensa para sándwiches o una parrilla. Si usa una prensa, coloque los panecillos en la prensa y cocínelos hasta que estén tostados, aproximadamente de 4 a 5 minutos. Si usa una sartén para grill, coloque los sándwiches en la sartén y luego coloque un peso pesado, como una sartén, encima.

5. Cuando estén dorados por un lado, dar la vuelta a los sándwiches, cubrir con el peso y tostar el otro lado. Servir caliente.

Sándwich Riviera

Sándwich Riviera

Rinde 4 porciones

La frontera geográfica que separa Italia y Francia no implica distinción alguna ni siquiera en los alimentos consumidos por ambas partes. Con un clima y una geografía similares, las personas que viven a lo largo de las costas italiana y francesa comparten hábitos alimentarios muy similares. Un ejemplo es el pan bagnat francés y el pane bagnato italiano, que significa "pan bañado", también llamado sándwich Riviera en Italia. Este jugoso sándwich se mezcla con una vibrante vinagreta y se rellena con atún y pimientos asados a la francesa. En el lado italiano de la frontera, la mozzarella reemplaza al atún y agrega anchoas, pero el resto es más o menos igual. Este es el sándwich perfecto para llevar de picnic porque los sabores combinan bien y queda mejor como está.

1 pan italiano de unos 30 cm de largo

Venda

1 diente de ajo, picado muy fino

1/4 taza de aceite de oliva

2 cucharadas de vinagre

1/2 cucharadita de orégano seco, desmenuzado

Sal y pimienta negra recién molida

2 tomates maduros, rebanados

1 lata de anchoas (2 onzas).

8 onzas de mozzarella en rodajas

2 pimientos asados, pelados y sin semillas con su jugo

12 aceitunas en aceite, deshuesadas y finamente picadas

1. Cortar el pan por la mitad a lo largo y retirar el pan tierno.

2. Mezcle los ingredientes del aderezo en un tazón pequeño y vierta la mitad del aderezo sobre los lados cortados del pan. Coloque en capas la mitad inferior del pan con los tomates, las anchoas, la mozzarella, los pimientos asados y las aceitunas, y rocíe cada capa con un poco del aderezo.

3. Coloque la parte superior del sándwich encima y presione hacia abajo. Envuélvalo en film transparente y cúbralo con una tabla o sartén pesada. Déjelo reposar a temperatura ambiente por hasta 2 horas o refrigérelo durante la noche.

4. Cortar en rollos de 3 pulgadas de ancho. Servir a temperatura ambiente.

Bocadillos triangulares de atún y pimientos asados

Sándwiches De Atún Y Pimientos

Rinde 3 sándwiches

Algunos de los mismos sabores del abundante sándwich Riviera se abren paso en este lindo sándwich triangular que probé en uno de mis bares romanos favoritos. El atún se sazonó con semillas de hinojo, pero a mí me gusta reemplazarlo con polen de hinojo, que es simplemente semilla de hinojo molida, pero tiene más sabor. Hoy en día es utilizado por muchos chefs y se puede encontrar en tiendas de delicatessen especializadas en hierbas secas, así como en sitios de Internet. Si no encuentras polen de hinojo, reemplázalo con semillas de hinojo, que puedes moler tú mismo en un molinillo de especias o picar finamente con un cuchillo.

1 pimiento rojo asado pequeño, escurrido y cortado en tiras finas

aceite de oliva virgen extra

Sabroso

1 lata (3½ onzas) de atún italiano envasado en aceite de oliva

2 cucharadas de mayonesa

1 o 2 cucharaditas de jugo de limón fresco

1 cucharada de cebolla verde picada

1 cucharadita de polen de hinojo

4 rebanadas de pan blanco de buena calidad

1. Echa los pimientos asados con un chorrito de aceite y sal.

2. Escurre el atún y colócalo en un bol. Triture finamente el atún con un tenedor. Mezcla mayonesa, jugo de limón al gusto y cebolla de verdeo.

3. Divide el atún entre dos rebanadas de pan. Terminar con las tiras de pimiento. Cubrir con el pan restante y presionar ligeramente.

4. Corta la corteza del pan con un cuchillo de chef grande. Corta los panecillos por la mitad en diagonal para crear dos triángulos. Sirva inmediatamente o cubra bien con film transparente y refrigere hasta que esté listo para servir.

Bocadillos triangulares con jamón e higos

Sándwiches de jamón e higos

Rinde 2 sándwiches

El sabor salado del jamón y el dulzor de la mermelada de higos forman un bonito contraste en este sándwich. Queda muy sabroso como aperitivo cortado en cuartos. Sirva con Prosecco espumoso.

Mantequilla sin sal, a temperatura ambiente.

4 rebanadas de pan blanco de buena calidad

Unas 2 cucharadas de mermelada de higos

4 lonchas finas de jamón italiano importado

1. Unte ligeramente con mantequilla un lado de cada rebanada de pan. Unte aproximadamente 2 cucharaditas de mermelada de higos sobre la mantequilla en cada rebanada.

2. Coloca dos lonchas de jamón serrano en el centro de las lonchas. Coloca las rebanadas de pan restantes, con la mermelada hacia abajo, encima del jamón serrano.

3. Corta la corteza del pan con un cuchillo de chef grande. Corta los panecillos por la mitad en diagonal para crear dos triángulos. Servir inmediatamente o cubrir con film transparente y guardar en el frigorífico.

Manzanas Al Horno Con Amaretto

Manzanas en Amaretto

Rinde 6 porciones

Amaretto es un licor dulce; Los amaretti son galletas crujientes. Ambos productos italianos se aromatizan con dos tipos de almendras: la variedad más conocida, más una almendra ligeramente amarga que no se come sola, aunque en Italia se suele utilizar para aromatizar postres. Amaro significa "amargo" y tanto el licor como las galletas llevan el nombre de estas almendras. Ambos están ampliamente disponibles: galletas en tiendas especializadas y de venta por correo, y bebidas espirituosas en muchas licorerías.

La marca más conocida de macarrones se presenta en llamativas latas o cajas rojas. Las galletas se envasan de dos en dos en papel pastel. Hay otras marcas de amaretti que envasan galletas sueltas en bolsas. Siempre tengo macarrones en casa. Tienen una larga vida útil y son deliciosos con una taza de té o como ingrediente en diversos platos dulces y salados.

Doradas son las manzanas que prefiero hornear. Los cultivados localmente son dulces y crujientes, pero mantienen muy bien su forma cuando se cocinan.

6 manzanas para hornear, como Golden Delicious

6 macarrones

6 cucharadas de azúcar

2 cucharadas de mantequilla sin sal

6 cucharadas de amaretto o ron

1. Coloca una rejilla en el centro del horno. Precalienta el horno a 180 ° C. Unta con mantequilla una bandeja para hornear lo suficientemente grande como para sostener las manzanas en posición vertical.

2. Retire el corazón y pele las manzanas aproximadamente a dos tercios del tallo.

3. Coloca los macarrones en una bolsa de plástico y tritúralos suavemente con un objeto pesado, como un rodillo. En un tazón mediano, mezcle las migas con el azúcar y la mantequilla.

4. Vierte un poco de la mezcla en el centro de cada manzana. Vierta el amaretto sobre las manzanas. Vierta 1 taza de agua alrededor de las manzanas.

5. Hornee por 45 minutos o hasta que las manzanas estén suaves al pincharlas con un cuchillo. Servir caliente oa temperatura ambiente.

Tarta de manzana de Livia

Tarta de manzana Livia

Rinde 8 porciones

Mi amiga Livia Colantonio vive en Umbría en una granja llamada Podernovo. La empresa cría ganado Chianina, cultiva diversas variedades de uvas para vinificación y embotella vino con la etiqueta Castello delle Regine.

Los huéspedes pueden alojarse en una de las casas de huéspedes bellamente restauradas en Podernovo, a sólo 45 minutos de Roma, y disfrutar de unas vacaciones tranquilas. Livia prepara este sencillo pero sorprendente "pastel", siempre delicioso después de una comida de otoño o invierno. No es un pastel en el sentido tradicional, ya que está hecho casi en su totalidad de manzanas, con solo unas pocas migas de galleta entre las capas para contener algunos de los jugos de frutas. Servir con una bola de crema batida o helado de ron y pasas.

Necesitará un molde redondo o una fuente para hornear de 9 pulgadas de ancho y 3 pulgadas de profundidad. Utilice un molde para pasteles, una cazuela o un molde para soufflé, pero no utilice un molde desmontable porque se acabará el jugo de manzana.

12 macarrones

3 libras de manzanas Golden Delicious, Granny Smith u otras manzanas firmes (unas 6 grandes)

1/2 taza de azúcar

1. Coloca los macarrones en una bolsa de plástico y tritúralos suavemente con un objeto pesado, como un rodillo. Deberías tener aproximadamente 3/4 taza de migas.

2. Pelar las manzanas y cortarlas en cuartos a lo largo. Corta los cuartos en rodajas de 1/8 de pulgada de grosor.

3. Coloca una rejilla en el centro del horno. Precaliente el horno a 350 ° F. Engrase generosamente un molde para hornear o un molde para hornear redondo de 9×3 pulgadas. Forre el fondo del molde con un círculo de papel de hornear. Unte con mantequilla el papel.

4. Crea una capa de manzanas ligeramente superpuestas en el fondo de la sartén. Espolvorear con un poco de migas y azúcar. Coloque las rodajas de manzana restantes alternativamente en la sartén con el resto de las migajas y el azúcar. Las rodajas de manzana no tienen por qué ser puras. Coloque una hoja de papel de aluminio encima y déle forma sobre el borde del molde.

5. Cuece las manzanas durante una hora y media. Tapar y cocinar por 30 minutos más o hasta que las manzanas al pincharlas con un cuchillo estén blandas y hayan reducido su volumen. Transfiera la sartén a una rejilla. Dejar enfriar durante al menos 15 minutos. Pasa un cuchillo por el borde de la sartén. Sostenga la sartén con una mano con una agarradera y coloque un plato plano para servir encima de la sartén. Dales la vuelta a ambos para que las manzanas acaben en el plato.

6. Servir a temperatura ambiente, cortado en gajos. Cubra con un recipiente invertido y guárdelo en el refrigerador hasta por 3 días.

Albaricoques en almíbar de limón

Albaricoques con limón

Rinde 6 porciones

Los albaricoques perfectamente maduros realmente no necesitan ninguna mejora, pero si tienes algunos que no son perfectos, intenta cocinarlos en almíbar de limón. Sirva los albaricoques escalfados fríos, posiblemente acompañados de nata montada con sabor a amaretto.

1 taza de agua fría

1/4 taza de azúcar o al gusto

2 tiras (2 pulgadas) de ralladura de limón

2 cucharadas de jugo de limón fresco

1 libra de albaricoques (unos 8)

1. Combine el agua, el azúcar, la ralladura y el jugo en una cacerola o sartén lo suficientemente grande como para contener las mitades de albaricoque en una sola capa. Llevar a ebullición a fuego medio y cocinar, girando la sartén una o dos veces, durante 10 minutos.

2. Sigue la línea de los albaricoques, divídelos por la mitad y quítales el hueso. Sumerja las mitades en el almíbar hirviendo. Cocine, volteando una vez, hasta que la fruta esté suave, aproximadamente 5 minutos.

3. Deje que los albaricoques se enfríen brevemente en el almíbar, cubra y refrigere. Servir frío.

Bayas con limón y azúcar.

Bayas con Limón

Rinde 4 porciones

El jugo de limón fresco y el azúcar resaltan todo el sabor de las bayas. Pruébalo con una sola baya o una combinación. Cubra las bayas especiadas con una bola de helado de limón o sorbete, si lo desea.

Una de mis bayas favoritas, la pequeña fresa silvestre (fresa silvestre), es común en Italia, pero no está muy disponible aquí. Las fresas silvestres tienen un delicioso aroma a fresa y son fáciles de cultivar en macetas. Las semillas están disponibles en muchas empresas de catálogo y puede comprar plantas en muchos viveros aquí en los Estados Unidos.

1 taza de fresas en rodajas

1 taza de moras

1 taza de arándanos

1 taza de frambuesas

Jugo de limón recién exprimido (unas 2 cucharadas)

Azúcar (aproximadamente 1 cucharada)

1. Mezcle suavemente las bayas en un tazón grande. Espolvorea con jugo de limón y azúcar al gusto. Prueba y ajusta el sazón.

2. Coloque las bayas en tazones poco profundos. Servir inmediatamente.

Fresas Con Vinagre Balsámico

Fresas con Balsámico

Rinde 2 porciones

Si puedes encontrar pequeñas fresas silvestres conocidas en italiano como fragoline del bosco, úsalas en este postre. Pero incluso las fresas frescas comunes y corrientes se benefician de un adobo rápido en vinagre balsámico sazonado. Como un chorrito de jugo de limón fresco en un trozo de pescado o sal en un filete, el sabor intensamente dulce y ácido del vinagre balsámico realza muchos alimentos. Piense en ello como un condimento en lugar de vinagre.

Probablemente tendrás que comprar vinagre balsámico añejo en una tienda especializada. En el área de Nueva York, una de mis fuentes favoritas es Di Palo Fine Foods en Grand Street en Little Italy (verFuentes). Louis Di Palo es una enciclopedia ambulante sobre el vinagre balsámico, así como sobre cualquier otro producto alimenticio importado de Italia. La primera vez que pedí balsámico, sacó varias botellas y ofreció muestras a todos en la tienda mientras explicaba cada una.

El mejor vinagre balsámico se produce en las provincias de Módena y Reggio en Emilia-Romaña. Suave, complejo y almibarado, sabe *más a un rico licor que a un vinagre fuerte y, a menudo, se bebe como cordial. Busque vinagre balsámico tradicional en la etiqueta. Aunque es caro, con un poco se consigue mucho.*

1 litro de fresas silvestres o cultivadas, en rodajas si son grandes

2 cucharadas de vinagre balsámico añejo de la mejor calidad, o al gusto

2 cucharadas de azúcar

En un tazón mediano, mezcla las fresas con el vinagre y el azúcar. Dejar reposar 15 minutos antes de servir.

Frambuesas con Mascarpone y Vinagre Balsámico

Frambuesa con mascarpone y vinagre balsámico

Rinde 4 porciones

Enjuague siempre las frambuesas frágiles justo antes de usarlas; Si los enjuagas primero, la humedad puede hacer que se deterioren más rápidamente. Revísalas antes de servir y elimina aquellas que presenten signos de moho. Guarde las bayas sin tapar en un recipiente poco profundo en el refrigerador, pero úselas lo antes posible después de comprarlas porque se echan a perder rápidamente.

El mascarpone es una crema espesa y suave llamada queso, aunque sólo tiene un suave sabor a queso. Tiene una consistencia similar a la crema agria o un poco más espesa. Si lo deseas, puedes sustituirla por crème fraîche, ricotta o crema agria.

1½ tazas de mascarpone

Aproximadamente 1/4 taza de azúcar

1 a 2 cucharadas de vinagre balsámico añejo de la mejor calidad

2 tazas de frambuesas, ligeramente enjuagadas y secas

1. En un tazón pequeño, bate el mascarpone y el azúcar hasta que estén bien combinados. Agrega vinagre balsámico al gusto. Dejar reposar 15 minutos y volver a mezclar.

2. Divide las frambuesas en 4 vasos o tazones. Terminar con el mascarpone y servir inmediatamente.

Cerezas en Barolo

Cerezo en Barolo

Rinde 4 porciones

Aquí las cerezas dulces y maduras se guisan al estilo piamontés en Barolo u otro vino tinto con mucho cuerpo.

3 1/4 taza de azúcar

1 vaso de Barolo u otro vino tinto seco

1 libra de cerezas dulces maduras, sin hueso

1 taza de crema espesa o espesa, muy fría

1. Al menos 20 minutos antes de que estés listo para montar la nata, coloca un bol grande y las varillas de una batidora eléctrica en el frigorífico.

2. Combine el azúcar y el vino en una cacerola grande. Llevar a ebullición y cocinar durante 5 minutos.

3. Agrega las cerezas. Después de que el líquido comience a hervir nuevamente, cocine hasta que las cerezas estén suaves al

pincharlas con un cuchillo, aproximadamente 10 minutos más. Dejar enfriar.

4. Justo antes de servir, retira el bol y las varillas del frigorífico. Vierta la crema en el bol y bata a velocidad alta hasta que la crema mantenga suavemente su forma cuando se levantan los batidores, aproximadamente 4 minutos.

5. Vierta las cerezas en tazones para servir. Servir a temperatura ambiente o ligeramente frío con nata montada.

castañas asadas calientes

caldera

Rinde 8 porciones

El Día de San Martín, el 11 de noviembre, se celebra en toda Italia con castañas asadas calientes y vino tinto recién hecho. La celebración no sólo marca la fiesta de un querido santo conocido por su bondad hacia los pobres, sino también el final de la temporada de crecimiento, el día en que la tierra entra en hibernación.

Las castañas asadas también son un toque final clásico para las comidas navideñas de invierno en toda Italia. Los meto al horno para que se horneen cuando vamos a cenar, y cuando terminamos con el plato principal, están listos para comer.

1 libra de castañas frescas

1. Coloca una rejilla en el centro del horno. Precaliente el horno a 425 ° F. Enjuague las castañas y séquelas. Coloca las castañas sobre una tabla de cortar con el lado plano hacia abajo. Corta con cuidado una X en la parte superior de cada uno con la punta de un cuchillo pequeño y afilado.

2. Coloca las castañas en una hoja grande de papel de aluminio resistente. Dobla un extremo sobre el otro para encerrar las castañas. Dobla los extremos para sellarlos. Coloque el paquete en una bandeja para hornear. Ase las castañas hasta que estén tiernas al pincharlas con un cuchillo de cocina, aproximadamente de 45 a 60 minutos.

3. Transfiera el paquete de papel de aluminio a una rejilla para enfriar. Deja las castañas envueltas en papel de aluminio durante 10 minutos. Servir caliente.

conserva de higos

mermelada de higos

Rinde ½ pinta

Las higueras, tanto domésticas como silvestres, crecen en toda Italia, excepto en las regiones más septentrionales, donde hace demasiado frío. Debido a que son tan dulces y están ampliamente disponibles, los higos se utilizan en muchos postres, especialmente en el sur de Italia. Los higos maduros no se conservan bien, por lo que si abundan a finales del verano, se pueden conservar de varias formas. En Apulia, los higos se hierven con agua para obtener un almíbar espeso y dulce que se utiliza para los postres. Los higos también se secan al sol o se elaboran en conserva.

Una pequeña cantidad de conservas de higos es fácil de preparar y se puede guardar en el refrigerador hasta por un mes. Para un almacenamiento más prolongado, la mermelada debe almacenarse enlatada (usando métodos de enlatado seguros) o congelada. Sirva como complemento de una tabla de quesos o para el desayuno con pan de nueces con mantequilla.

1 1/2 libras de higos frescos maduros, enjuagados y secos

2 tazas de azúcar

2 tiras de ralladura de limón

1.Pelar los higos y cortarlos en cuartos. Colocar en un bol mediano con el azúcar y la ralladura de limón. Mezclar bien. Cubra y refrigere durante la noche.

2.Al día siguiente, coloca el contenido del bol en una cacerola grande y pesada. Llevar a ebullición a temperatura media. Cocine, revolviendo ocasionalmente, hasta que la mezcla espese un poco, aproximadamente 5 minutos. Para comprobar si la mezcla es lo suficientemente espesa, coloque una gota del líquido ligeramente enfriado entre el pulgar y el índice. Cuando la mezcla forme un hilo, manteniendo ligeramente separados el pulgar y el índice, la mermelada estará lista.

3.Vierta en frascos esterilizados y guárdelo en el refrigerador hasta por 30 días.

Higos cubiertos de chocolate

Higos con chocolate

Rinde de 8 a 10 porciones

Los higos secos húmedos rellenos de nueces y bañados en chocolate son deliciosos como postre después de la cena.

Me gusta comprar cáscaras de naranja confitadas en Kalustyan's, una tienda de Nueva York que se especializa en especias, frutos secos y nueces. Como se venden mucho, siempre está fresco y lleno de sabor. Muchas otras tiendas especializadas venden buenas cáscaras de naranja confitadas. También puedes solicitarlo vía email (verFuentes). Las cáscaras de naranja confitadas y otras frutas de los supermercados se cortan en trozos pequeños y suelen estar secas y sin sabor.

18 higos secos húmedos (aproximadamente 1 libra)

18 almendras tostadas

1/2 taza de piel de naranja confitada

4 onzas de chocolate agridulce, picado o partido en trozos pequeños

2 cucharadas de mantequilla sin sal

1. Forre una bandeja para hornear con papel de horno y colóquela sobre una rejilla para que se enfríe. Haz una pequeña hendidura en la base de cada higo. Introducir una almendra y un trozo de piel de naranja en los higos. Presione la ranura para cerrarla.

2. Derrita el chocolate y la mantequilla en la mitad superior de un baño maría sobre agua hirviendo, aproximadamente 5 minutos. Retire del fuego y revuelva hasta que quede suave. Dejar reposar 5 minutos.

3. Sumerge cada higo en el chocolate derretido y colócalos sobre la rejilla. Una vez que todos los higos estén en remojo, coloca la sartén en el refrigerador para que el chocolate se asiente, aproximadamente 1 hora.

4. Coloca los higos en un recipiente hermético y separa cada capa con papel encerado. Guárdelo en el refrigerador hasta por 30 días.

Higos en almíbar de vino

Higos al estilo campesino

Rinde 8 porciones

Los higos secos Calimyrna y California Mission son húmedos y regordetes. Puedes usar cualquier tipo para esta receta. Después de escalfar, se pueden servir tal cual o con helado o nata montada. También combinan bien con el gorgonzola.

1 vaso de vin santo, marsala o vino tinto seco

2 cucharadas de miel

2 tiras (2 pulgadas) de ralladura de limón

18 higos secos húmedos (aproximadamente 1 libra)

1. En una cacerola mediana, combine el vin santo, la miel y la ralladura de limón. Llevar a ebullición y cocinar durante 1 minuto.

2. Agrega los higos y el agua fría hasta cubrir. Lleva el líquido a ebullición a fuego lento y tapa la cacerola. Cocine hasta que los higos estén suaves, aproximadamente 10 minutos.

3. Con una espumadera, retira los higos del tarro y colócalos en un bol. Hierva el líquido, sin tapar, hasta que se reduzca y espese ligeramente, aproximadamente 5 minutos. Verter el almíbar sobre los higos y dejar enfriar. Refrigere por al menos 1 hora y hasta 3 días. Servir ligeramente frío.

Higos fritos de Dora

higos al horno

hacen 2 docenas

Los higos secos rellenos de nueces son una especialidad de Apulia. Esta receta es de mi amiga Dora Marzovilla, quien la sirve como merienda después de cenar en el restaurante I Trulli de su familia en Nueva York. Sirva los higos con una copa de vino de postre, como Moscato di Pantelleria.

24 higos secos húmedos (aproximadamente 1 ½ libras), sin los extremos del tallo

24 almendras tostadas

1 cucharada de semillas de hinojo

1/4 taza de hojas de laurel

1. Coloca una rejilla en el centro del horno. Precaliente el horno a 350 ° F. Retire los extremos duros del tallo de cada higo. Con un cuchillo pequeño, haz un corte en la parte inferior de los higos. Introduce una almendra en los higos y cierra el hueco.

2. Coloque los higos en una bandeja para hornear y hornee en el horno durante 15-20 minutos o hasta que estén ligeramente dorados. Dejar enfriar sobre una rejilla.

3. Coloque los higos en un recipiente hermético de vidrio o plástico de 1 cuarto de galón. Espolvorea con algunas semillas de hinojo. Cubrir con una capa de hojas de laurel. Repita las capas hasta que se hayan utilizado todos los ingredientes. Cubra y guárdelo en un lugar fresco (pero no en el refrigerador) durante al menos 1 semana antes de servir.

Melaza en almíbar de menta

Melón con Menta

Rinde 4 porciones

Después de una fantástica cena de mariscos en un restaurante junto al mar en Sicilia, nos sirvieron esta fresca combinación de melón dulce en almíbar de menta fresca.

1 taza de agua fría

1/2 taza de azúcar

1½ taza de hojas de menta fresca envasadas, más algo extra para decorar

8 a 12 rodajas de melaza madura pelada

1. Mezclar el agua, el azúcar y las hojas de menta en una cacerola. Llevar a ebullición y cocinar durante 1 minuto o hasta que las hojas se ablanden. Alejar del calor. Dejar enfriar y colar el almíbar a través de un colador de malla fina en un bol para colar las hojas de menta.

2. Coloca el melón en un bol y vierte el almíbar por encima. Dejar enfriar brevemente en el frigorífico. Servir adornado con hojas de menta.

Naranjas en almíbar de naranja

naranja marinada

Rinde 8 porciones

Las jugosas naranjas en almíbar dulce son un postre perfecto después de una rica comida. Me gusta servirlos especialmente en invierno, cuando las naranjas frescas están en su mejor momento. Dispuestas en una bandeja, las naranjas quedan muy bonitas con su cubierta de brillantes franjas de piel de naranja y almíbar. Como variante, corta las naranjas en gajos y combínalas con piña madura en rodajas. Sirve la salsa de naranja sobre todo.

8 naranjas ombligo grandes

11/4 tazas de azúcar

2 cucharadas de coñac o licor de naranja

1. Frota las naranjas con un cepillo. Recorta los extremos. Con un pelador de verduras, retira la parte coloreada de la piel de naranja (la piel) en tiras anchas. Evite cavar en la médula blanca y amarga. Apila las tiras de cáscara una encima de otra y córtalas en palitos estrechos.

2. Retire la piel blanca de las naranjas. Coloca las naranjas en un plato para servir.

3. Ponga a hervir una olla pequeña con agua. Agrega la ralladura de naranja y deja hervir. Cocine 1 minuto. Escurrir la cáscara y enjuagar con agua fría. Repetir. (Esto ayudará a eliminar parte del amargor de la cáscara).

4. Coloca el azúcar y 1/4 taza de agua en otra cacerola pequeña a fuego medio. Lleva la mezcla a ebullición. Cocine hasta que el azúcar se disuelva y el almíbar espese, aproximadamente 3 minutos. Agrega la ralladura de naranja y cocina por otros 3 minutos. Dejar enfriar.

5. Agrega el brandy de naranja al contenido del frasco. Retire la ralladura de naranja del almíbar con un tenedor y colóquela sobre las naranjas. Vierta el almíbar con una cuchara. Cubra y refrigere por hasta 3 horas hasta que esté listo para servir.

Gratinado de naranja con zabaglione

Naranja con Zabaglione

Rinde 4 porciones

Gratiné es una palabra francesa que significa dorar la superficie de un plato. Se suele aplicar sobre platos salados que se han espolvoreado con pan rallado o queso para dorarlos.

El ponche de huevo generalmente se sirve solo o como salsa para frutas o postres. Aquí se vierte sobre las naranjas y se tuesta brevemente hasta que esté ligeramente dorado y forme una cobertura cremosa. De esta forma también se pueden preparar plátanos, kiwis, bayas u otras bayas.

6 naranjas ombligo, peladas y cortadas en rodajas finas

Ponche de huevo

1 huevo grande

2 yemas de huevo grandes

1/3 taza de azúcar

1½ vaso de Marsala seco o dulce

1. Precalienta la parrilla. Coloque las rodajas de naranja, ligeramente superpuestas, en una fuente para horno.

2. Prepare el ponche de huevo: llene una cacerola pequeña o el fondo de un baño maría con 2 pulgadas de agua. Llevar a ebullición a fuego lento. Combine el huevo, las yemas de huevo, el azúcar y el Marsala en un recipiente más grande que el borde de la olla o la parte superior del baño maría. Batir con batidora eléctrica hasta que esté espumoso. Colocar en una cacerola con agua hirviendo. Batir hasta que la mezcla tenga un color claro y mantenga una forma suave cuando se levantan los batidores, aproximadamente 5 minutos.

3. Divide el ponche de huevo sobre las naranjas. Coloque el plato debajo de la parrilla durante 1 a 2 minutos o hasta que el ponche de huevo esté dorado en algunas partes. Servir inmediatamente.

Melocotones blancos en Asti Spumante

Melocotones blancos en Asti Spumante

Rinde 4 porciones

Asti Spumante es un vino de postre dulce y espumoso del Piamonte, en el noroeste de Italia. Tiene un sabor delicado y un aroma a flor de naranjo que proviene de la uva moscatel. Si no encuentras melocotones blancos, los melocotones amarillos funcionarán o sustituirán por otra fruta de verano como nectarinas, ciruelas o albaricoques.

4 duraznos blancos maduros grandes

1 cucharada de azúcar

8 onzas de Asti Spumante frío

1. Pelar y descorazonar los melocotones. Cortarlos en rodajas finas.

2. Mezclar los melocotones con el azúcar y dejar reposar 10 minutos.

3. Vierte los melocotones en copas o vasos semifreddo. Añade el Asti Spumante y sirve inmediatamente.

Melocotones al vino tinto

Pescado al Vino Tinto

Rinde 4 porciones

Recuerdo haber visto a mi abuelo cortar los melocotones blancos de su cosecha para remojarlos en una jarra de vino tinto. Los dulces jugos de melocotón dominaron la aspereza del vino. Los melocotones blancos son mis favoritos, pero los melocotones amarillos o las nectarinas también son sabrosos.

⅓ taza de azúcar o al gusto

2 tazas de vino tinto afrutado

4 duraznos maduros

1. Combine el azúcar y el vino en un tazón mediano.

2. Cortar los melocotones por la mitad y quitarles el hueso. Corta los melocotones en trozos pequeños. Mezclarlos con el vino. Cubra y refrigere durante 2 a 3 horas.

3. Vierta los melocotones y el vino en copas y sirva.

Duraznos Rellenos De Amaretti

pescado al horno

Rinde 4 porciones

Este es uno de los postres más apreciados por los piamonteses. Sirva cubierto con crema batida o adornado con una bola de helado.

8 duraznos medianos, no muy maduros

8 macarrones

2 cucharadas de mantequilla blanda sin sal

2 cucharadas de azúcar

1 huevo grande

1. Coloca una rejilla en el centro del horno. Precalienta el horno a 180 ° C. Unta con mantequilla un molde para hornear lo suficientemente grande como para contener las mitades de durazno en una sola capa.

2. Coloca los macarrones en una bolsa de plástico y tritúralos suavemente con un objeto pesado, como un rodillo. Deberías

tener aproximadamente 1/2 taza. En un tazón mediano, bata la mantequilla y el azúcar y agregue las migas.

3. Sigue la línea que rodea los melocotones, córtalos por la mitad y retira el hueso. Con una cuchara de pomelo o una cuchara para melón, saque un poco de pulpa del centro para ensanchar la abertura y agréguela a la mezcla de migas. Agrega el huevo a la mezcla.

4. Coloque las mitades de melocotón en el plato, con el lado cortado hacia arriba. Vierta un poco de la mezcla de migas sobre cada mitad de melocotón.

5. Hornee por 1 hora o hasta que los duraznos estén suaves. Servir caliente oa temperatura ambiente.

Peras en salsa de naranja

Peras con 'Naranja

Rinde 4 porciones

Cuando visité a Anna Tasca Lanza en Regaleali, la bodega de su familia en Sicilia, me dio un poco de su excelente mermelada de mandarina para llevar a casa. Anna usa mermelada como salsa para untar y para postre, y eso me inspiró a mezclar un poco con el líquido de cocción de algunas peras que estaba cocinando. Las peras tenían un hermoso glaseado dorado y a todos les encantó el resultado. Ahora hago este postre a menudo. Como el suministro de mermelada que Anna me había dado se acabó rápidamente, utilicé mermelada de naranja de alta calidad de la tienda.

1/2 taza de azúcar

1 vaso de vino blanco seco

4 peras maduras y firmes, como Anjou, Bartlett o Bosc

1/3 taza de mermelada de naranja

2 cucharadas de licor de naranja o ron

1. Combine el azúcar y el vino en una cacerola lo suficientemente grande como para sostener las peras en posición vertical. Llevar a ebullición a fuego medio y cocinar hasta que el azúcar se haya disuelto.

2. Agrega las peras. Tapa la sartén y cocina durante unos 30 minutos o hasta que las peras estén tiernas al pincharlas con un cuchillo.

3. Con una espumadera, transfiera las peras a un plato para servir. Agrega la mermelada al líquido de la sartén. Llevar a ebullición y cocinar durante 1 minuto. Retirar del fuego y agregar el licor. Vierta la salsa sobre y alrededor de las peras. Cubra y refrigere al menos 1 hora antes de servir.

Peras en Marsala y nata

Peras en Marsala

Rinde 4 porciones

Las peras las hice preparar así en un restaurante de Bolonia. Si los preparas justo antes de la cena, estarán a la temperatura adecuada para servir cuando estés listo para el postre.

Puedes encontrar Marsala seca y dulce importada de Sicilia, aunque la seca es de mejor calidad. Ambos se pueden utilizar para hacer postres.

4 peras Anjou, Bartlett o Bosc grandes, no demasiado maduras

1/4 taza de azúcar

1/2 taza de agua

1/2 vaso de Marsala seco o dulce

1/4 taza de crema batida

1. Pelar las peras y cortarlas por la mitad a lo largo.

2. Hierva el azúcar y el agua a fuego medio en una cacerola lo suficientemente grande como para contener las mitades de pera en una sola capa. Revuelva para disolver el azúcar. Agrega las peras y tapa la sartén. Cocine de 5 a 10 minutos o hasta que las peras estén casi tiernas al pincharlas con un tenedor.

3. Retire las peras a un plato con una espumadera. Agrega el Marsala a la sartén y deja que hierva. Cocine hasta que el almíbar esté ligeramente espeso, aproximadamente 5 minutos. Añade la nata y cocina a fuego lento durante 2 minutos más.

4. Vuelve a poner las peras en la sartén y condiméntalas con la salsa. Coloca las peras en platos para servir y vierte la salsa sobre ellas. Dejar enfriar a temperatura ambiente antes de servir.

Peras con salsa de chocolate caliente

Peras Affogato En Chocolate

Rinde 6 porciones

Las peras frescas bañadas en una salsa de chocolate agridulce son un postre clásico europeo. Lo comí en Bolonia, donde la salsa de chocolate se hacía con chocolate Majani, una marca de producción local que lamentablemente no está lejos de su ciudad natal. Utilice chocolate agridulce de buena calidad. Una marca que me gusta, Scharffen Berger, se fabrica en California.

6 peras Anjou, Bartlett o Bosc, no demasiado maduras

2 tazas de agua

3/4 taza de azúcar

4 tiras de cáscara de naranja (2 × 1/2 pulgadas), cortadas en tiras

    1 1/2 tazas salsa de chocolate caliente

1. Pelar las peras dejando los tallos intactos. Con un descorazonador de melón o una cucharadita, quite el corazón y las semillas de las peras.

2. En una olla lo suficientemente grande como para contener todas las peras en posición vertical, hierva el agua, el azúcar y la ralladura de naranja a fuego medio. Revolver hasta que el azúcar se disuelva.

3. Agrega las peras y reduce el fuego al mínimo. Cubra la sartén y cocine, volteando las peras una vez, durante 20 minutos o hasta que estén tiernas al pincharlas con un cuchillo de cocina. Dejar enfriar las peras en el almíbar.

4. Al momento de servir, prepara la salsa de chocolate.

5. Use una espumadera para transferir las peras a platos para servir. (Cubra el almíbar y refrigérelo para otro uso, como mezclar fruta en rodajas para una ensalada). Rocíe con salsa de chocolate caliente. Servir inmediatamente.

Peras especiadas con ron

Peras al ron

Rinde 6 porciones

El sabor dulce, suave y casi floral de las peras maduras se presta a muchos otros sabores complementarios. Frutas como naranjas, limones, bayas y muchos quesos combinan bien, y el marsala y los vinos secos se utilizan a menudo para escalfar peras. En Piamonte me sorprendió gratamente ver estas peras servidas a fuego lento en un almíbar de ron especiado, acompañadas de un sencillo pastel de avellanas.

6 peras Anjou, Bartlett o Bosc, no demasiado maduras

1/4 taza de azúcar moreno

1/4 taza de ron oscuro

1/4 taza de agua

4 dientes enteros

1. Pelar las peras dejando los tallos intactos. Con un descorazonador de melón o una cucharadita, quite el corazón y las semillas de las peras.

2. En una cacerola lo suficientemente grande como para contener las peras, bata el azúcar, el ron y el agua a fuego medio hasta que el azúcar se disuelva, aproximadamente 5 minutos. Agrega las peras. Distribuir los gajos alrededor de la fruta.

3. Tapa la cacerola y deja que el líquido hierva a fuego lento. Cocine a fuego medio durante 15 a 20 minutos o hasta que las peras estén tiernas al pincharlas con un cuchillo. Retire las peras a una fuente para servir con una espumadera.

4. Cocine a fuego lento el líquido destapado hasta que reduzca y espese. Cuela el líquido sobre las peras. Dejar enfriar.

5. Servir a temperatura ambiente o tapar y dejar enfriar en el frigorífico.

Peras Especiadas Con Pecorino

Peras con especias y pecorino

Rinde 6 porciones

Los toscanos están orgullosos de su excelente queso pecorino. Cada ciudad tiene su propia versión y cada una tiene un sabor ligeramente diferente a la otra dependiendo de cómo se envejece y de dónde proviene la leche. Los quesos generalmente se consumen cuando son bastante jóvenes y todavía semiduros. Cuando se come como postre, el queso a veces se rocía con un poco de miel o se sirve con peras. Me gusta esta presentación refinada que comí en Montalcino: pecorino servido con peras cocidas en vino tinto local y hierbas, acompañado de nueces frescas.

Por supuesto, las peras también se sirven tal cual o con una generosa cucharada de nata montada.

6 peras Anjou, Bartlett o Bosc medianas, no demasiado maduras

1 vaso de vino tinto seco

1/2 taza de azúcar

1 pieza de canela (3 pulgadas)

4 dientes enteros

8 onzas de Pecorino Toscano, Asiago o Parmigiano-Reggiano, cortado en 6 trozos

12 mitades de nueces tostadas

1. Coloca una rejilla en el centro del horno. Precaliente el horno a 250 ° F. Coloque las peras en una fuente para hornear lo suficientemente grande como para mantenerlas en posición vertical.

2. Agregue el vino y el azúcar hasta que el azúcar se ablande. Vierte la mezcla sobre las peras. Espolvorea canela y clavo alrededor de las peras.

3. Cocine las peras, rociándolas ocasionalmente con el vino, de 45 a 60 minutos o hasta que estén tiernas al pincharlas con un cuchillo. Si el líquido comienza a secarse antes de que las peras estén cocidas, agrega un poco de agua tibia a la sartén.

4. Dejar enfriar las peras en el plato, rociándolas de vez en cuando con el jugo de la sartén. (A medida que los jugos se enfrían, se espesan y cubren las peras con un rico glaseado rojo). Retire las hierbas.

5. Servir las peras con el almíbar a temperatura ambiente o un poco más frías. Colóquelos en platos para servir con dos mitades de nuez y un trozo de queso.

Peras escalfadas al Gorgonzola

Peras con Gorgonzola

Rinde 4 porciones

El sabor picante del gorgonzola mezclado con una suave crema es un complemento sabroso para estas peras escalfadas en vino blanco y almíbar de limón. Una pizca de pistachos agrega un toque de color brillante. Las peras Anjou, Bartlett y Bosc son mis variedades favoritas para escalfar, ya que su forma delgada les permite cocinarse de manera uniforme. Las peras escalfadas mantienen mejor su forma si la fruta no está demasiado madura.

2 vasos de vino blanco seco

2 cucharadas de jugo de limón fresco

³1/4 taza de azúcar

2 tiras (2 pulgadas) de ralladura de limón

4 peras, como Anjou, Bartlett o Bosc

4 onzas de queso azul

2 cucharadas de ricotta, mascarpone o crema batida

2 cucharadas de pistachos picados

1. En una cacerola mediana, combine el vino, el jugo de limón, el azúcar y la ralladura de limón. Llevar a ebullición y cocinar durante 10 minutos.

2. Mientras tanto, pela las peras y córtalas por la mitad a lo largo. Retire los núcleos.

3. Sumerja las peras en el almíbar de vino y cocine hasta que estén tiernas al pincharlas con un cuchillo, aproximadamente 10 minutos. Dejar enfriar.

4. Con una espumadera, coloque dos mitades de pera en cada plato para servir, con el corazón hacia arriba. Vierta el almíbar alrededor de las peras.

5. En un tazón pequeño, mezcle el gorgonzola y la ricotta hasta que quede suave. Vierte un poco de la mezcla de queso en el área sin hueso de cada mitad de pera. Espolvorea con pistachos. Servir inmediatamente.

Pastel de pudín de pera o manzana

Pudín de pera o manzana

Rinde 6 porciones

Este postre no es un pastel ni un pudín, sino que se compone de fruta cocida hasta que esté suave y luego horneada con una cobertura ligeramente parecida a un pastel. Queda bien con manzanas o peras o incluso con melocotones o ciruelas.

Me gusta usar ron oscuro para darle sabor a este postre, pero puedes reemplazarlo con ron claro, coñac o incluso grappa.

3/4 taza de pasas

1/2 taza de ron oscuro, brandy o aguardiente

2 cucharadas de mantequilla sin sal

8 manzanas o peras maduras y firmes, peladas y cortadas en rodajas de ½ pulgada

⅓ taza de azúcar

Suma

6 cucharadas de mantequilla sin sal, derretida y enfriada

¹⁄3 taza de azúcar

¹1/2 taza de harina para todo uso

3 huevos grandes, separados

²1/3 taza de leche entera

2 cucharadas de ron oscuro, coñac o grappa

1 cucharadita de extracto puro de vainilla

Pizca de sal

azúcar en polvo

1. En un tazón pequeño, mezcle las pasas y el ron. Dejar reposar durante 30 minutos.

2. Derrita la mantequilla en una sartén grande a fuego medio. Agrega la fruta y el azúcar. Cocine, revolviendo ocasionalmente, hasta que la fruta esté casi tierna, aproximadamente 7 minutos. Agrega las pasas y el ron. Cocine por otros 2 minutos. Alejar del calor.

3. Coloca una rejilla en el centro del horno. Precaliente el horno a 350 ° F. Engrase una fuente para hornear de 13 × 9 × 2 pulgadas. Vierta la mezcla de frutas en la sartén.

4. Prepare el aderezo: En un tazón grande con una batidora eléctrica, bata la mantequilla y el azúcar hasta que quede suave, aproximadamente 3 minutos. Agrega la harina, solo para mezclar.

5. En un tazón mediano, mezcle las yemas de huevo, la leche, el ron y la vainilla. Agrega la mezcla de huevo a la mezcla de harina hasta que esté bien combinada.

6. En otro bol grande, utiliza un batidor limpio para batir las claras con la sal a velocidad baja hasta que estén espumosas. Aumente la velocidad y bata hasta que se formen picos suaves, aproximadamente 4 minutos. Incorpora suavemente la clara de huevo al resto de la masa. Vierte la mezcla sobre la fruta en el molde y hornea por 25 minutos o hasta que la parte superior esté dorada y firme al tacto.

7. Sirva caliente o a temperatura ambiente, espolvoreado con azúcar glas.

compota de frutas caliente

Compota de frutas caliente

Rinde de 6 a 8 porciones

En Italia el ron se utiliza a menudo para dar sabor a los postres. El ron oscuro tiene un sabor más profundo que el ron claro. Si lo deseas, reemplaza el ron de esta receta por otro licor o vino dulce como Marsala. O haz una versión sin alcohol con jugo de naranja o manzana.

2 peras maduras y firmes, peladas y sin corazón

1 manzana Golden Delicious o Granny Smith, pelada y sin corazón

1 taza de ciruelas sin hueso

1 taza de higos secos, sin los extremos del tallo

1/2 taza de orejones sin hueso

1/2 taza de pasas negras

1/4 taza de azúcar

2 tiras (2 pulgadas) de ralladura de limón

1 taza de agua

1/2 taza de ron oscuro

1. Corta las peras y la manzana en 8 gajos. Corta las rodajas en trozos pequeños.

2. Combine todos los ingredientes en una cacerola grande. Tapar y llevar a ebullición a fuego medio. Cocine hasta que la fruta fresca esté suave y la fruta seca regordeta, aproximadamente 20 minutos. Si parecen secos, añade un poco más de agua.

3. Deje que se enfríe un poco antes de servir o cubra y refrigere hasta por 3 días.

Fruta Caramelizada Veneciana

delicias venecianas

Rinde 8 porciones

La capa de caramelo de estas brochetas de frutas venecianas se endurece y recuerda a una manzana confitada. Seca las frutas y prepara estas brochetas de frutas en un día seco. En climas húmedos, el caramelo no se endurecerá adecuadamente.

1 mandarina o clementina pelada y dividida en gajos

8 fresas pequeñas, peladas

8 uvas sin semillas

8 dátiles sin hueso

1 taza de azúcar

1/2 taza de jarabe de maíz ligero

1/4 taza de agua

1. Ensarte alternativamente trozos de fruta en cada una de las ocho brochetas de madera de 6 pulgadas. Coloque una rejilla para enfriar sobre una bandeja.

2. Combine el azúcar, el jarabe de maíz y el agua en una cacerola lo suficientemente grande como para contener las brochetas a lo largo. Cocine a fuego medio, revolviendo ocasionalmente, hasta que el azúcar se disuelva por completo, aproximadamente 3 minutos. Cuando la mezcla empiece a hervir, deja de revolver y cocina hasta que el almíbar empiece a dorarse por los bordes. Luego, gire suavemente la sartén sobre el fuego hasta que el almíbar tenga un color marrón dorado uniforme, aproximadamente 2 minutos más.

3. Retire la sartén del fuego. Con unas pinzas, sumerja rápidamente cada brocheta en el almíbar, volteándolas para cubrir ligera pero completamente la fruta. Deje que el exceso de almíbar se escurra en la sartén. Coloque las brochetas en la rejilla para que se enfríen. (Si el almíbar se endurece en la sartén antes de mojar todas las brochetas, vuelva a calentarlo suavemente). Sirva a temperatura ambiente dentro de 2 horas.

Fruta con Miel y Grappa

Compota de frutas con Grappa

Rinde 6 porciones

La grappa es un tipo de brandy elaborado a partir del orujo, pieles y semillas que quedan después del prensado de las uvas para elaborar vino. Hubo un tiempo en que la grappa era una bebida fuerte que los trabajadores y los trabajadores bebían especialmente en el norte de Italia para calentarse en los fríos días de invierno. Hoy en día, la grappa es una bebida muy refinada que se vende en botellas de diseño con tapas decoradas. Algunas grappas se aromatizan con frutas o hierbas, mientras que otras se envejecen en barriles de madera. Utilice aguardiente simple y sin sabor para esta ensalada de frutas y otros fines culinarios.

⅓ taza de miel

⅓ taza de grappa, coñac o licor de frutas

1 cucharada de jugo de limón fresco

2 kiwis, pelados y rebanados

2 naranjas ombligo, peladas y cortadas en gajos

1 litro de fresas, en rodajas

1 taza de uvas verdes sin semillas, cortadas por la mitad

2 plátanos medianos, rebanados

1.En un tazón grande para servir, combine la miel, la grapa y el jugo de limón.

2.Agrega los kiwis, las naranjas, las fresas y las uvas. Deje enfriar durante al menos 1 hora o hasta 4 horas. Agrega los plátanos justo antes de servir.

Ensalada de fruta de invierno

Macedonia de invierno

Rinde 6 porciones

En Italia, la ensalada de frutas se llama Macedonia porque ese país alguna vez estuvo dividido en muchas secciones pequeñas que luego se unieron en un todo, del mismo modo que la ensalada se compone de bocados de diferentes frutas. En invierno, cuando la elección de frutas es limitada, los italianos preparan ensaladas como ésta, aderezadas con miel y jugo de limón. Como variante, sustituir la miel por mermelada de albaricoque o mermelada de naranja.

3 cucharadas de miel

3 cucharadas de jugo de naranja

1 cucharada de jugo de limón fresco

2 pomelos, pelados y cortados en gajos

2 kiwis, pelados y rebanados

2 peras maduras

2 tazas de uvas verdes sin semillas, cortadas por la mitad a lo largo

1. En un bol grande, mezcla la miel, el jugo de naranja y el jugo de limón.

2. Agrega la fruta al bol y mezcla bien. Deje enfriar durante al menos 1 hora o hasta 4 horas antes de servir.

Fruta de verano a la parrilla

Brochetas De Frutas

Rinde 6 porciones

La fruta de verano asada es ideal para una barbacoa. Sírvelos solos o con rebanadas de bizcocho y helado.

Si utilizas brochetas de madera, remójalas en agua fría durante al menos 30 minutos para evitar que se quemen.

2 nectarinas, cortadas en trozos de 1 pulgada

2 ciruelas, cortadas en trozos de 1 pulgada

2 peras, cortadas en trozos de 1 pulgada

2 albaricoques, cortados en cuartos

2 plátanos, cortados en trozos de 1 pulgada

hojas de menta fresca

Aproximadamente 2 cucharadas de azúcar

1. Coloque una barbacoa o parrilla a unas 2 pulgadas de la fuente de calor. Precalienta la parrilla o barbacoa.

2. En 6 brochetas, alterne trozos de fruta con hojas de menta. Espolvorea con azúcar.

3. Asa u hornea la fruta durante 3 minutos por un lado. Voltee las brochetas y cocine a la parrilla o ase hasta que estén ligeramente doradas, aproximadamente 2 minutos más. Servir caliente.

ricota picante con miel

ricota con miel

Rinde 2 a 3 porciones

El éxito de este postre depende de la calidad de la ricotta, así que compra la más fresca disponible. Si bien la ricota parcialmente descremada está bien, la ricota baja en grasa es muy granulada y sin sabor, así que omítala. Añade un poco de fruta fresca o prueba con pasas y una pizca de canela.

1 taza de requesón de leche entera

2 cucharadas de miel

1. Coloque la ricota en un tazón pequeño sobre una olla más pequeña con agua hirviendo. Calienta hasta que esté caliente, aproximadamente 10 minutos. Mezclar bien.

2. Coloque la ricota en platos para servir. Sazone con miel. Servir inmediatamente.

cafe ricota

Ricotta al'café

Rinde 2 a 3 porciones

Aquí tienes un postre rápido que se presta a una infinidad de variaciones. Sírvelo con sencillas galletas de masa quebrada.

Si no puede comprar café expreso finamente molido, asegúrese de pasar el café molido por su molinillo de café o procesador de alimentos. Si los granos son demasiado grandes el bizcocho no se mezclará bien, dándole una consistencia granulada.

1 taza (8 onzas) de ricotta entera o semidescremada

1 cucharada de café finamente molido (espresso).

1 cucharada de azúcar

Chips de chocolate

En un tazón mediano, bata la ricota, el espresso y el azúcar hasta que quede suave y el azúcar se haya disuelto. (Mezcle los ingredientes en un procesador de alimentos para obtener una consistencia más cremosa). Vierta en vasos o tazas de parfait y decore con chispas de chocolate. Servir inmediatamente.

Variación: Para la ricota de chocolate, sustituye 1 cucharada de cacao amargo por café.

Mascarpone y melocotones

Mascarpone De Melocotón

Rinde 6 porciones

El suave y cremoso mascarpone y los melocotones con crujientes galletas amaretti quedan muy bien en parfait o copas de vino. Sirva este postre en una cena. Nadie imaginará lo fácil que es hacer esto.

1 taza (8 onzas) de mascarpone

1/4 taza de azúcar

1 cucharada de jugo de limón fresco

1 taza de crema para batir muy fría

3 melocotones o nectarinas, pelados y cortados en trozos pequeños

1/3 taza de licor de naranja, amaretto o ron

8 galletas amaretti, partidas en migajas (aproximadamente 1/2 taza)

2 cucharadas de almendras tostadas en rodajas

1. Al menos 20 minutos antes de preparar el postre, coloca un bol grande y los accesorios para batir de una batidora eléctrica en el frigorífico.

2. Una vez listo, en un tazón mediano, mezcle el mascarpone, el azúcar y el jugo de limón. Saca el bol y las batidoras del frigorífico. Vierta la crema en el recipiente frío y bata a velocidad alta hasta que la crema mantenga suavemente su forma cuando se levantan los batidores, aproximadamente 4 minutos. Con una espátula, incorpora con cuidado la crema batida a la mezcla de mascarpone.

3. Mezcla los duraznos y el licor en un tazón mediano.

4. Vierta la mitad de la crema de mascarpone en seis copas de vino o semifreddo. Coloca los melocotones en capas y espolvorea con las migas de amaretti. Cubrir con la nata restante. Cubra y refrigere por hasta 2 horas.

5. Espolvorea con almendras antes de servir.

Espuma de chocolate con frambuesas

Espuma de chocolate con frambuesa

Rinde 8 porciones

La nata montada incorporada al mascarpone y al chocolate queda como una mousse de chocolate instantánea. Las frambuesas son una adición dulce y picante.

1 litro de frambuesas

1 o 2 cucharadas de azúcar

2 cucharadas de licor de frambuesa, cereza o naranja

3 onzas de chocolate agridulce o semidulce

1 1/2 taza de mascarpone, a temperatura ambiente

2 tazas de crema para batir fría o crema espesa

Chispas de chocolate, para decorar

1. Al menos 20 minutos antes de preparar el postre, coloca un bol grande y los accesorios para batir de una batidora eléctrica en el frigorífico.

2. Una vez listo, mezcla las frambuesas con el azúcar y el licor en un tazón mediano. Poner a un lado.

3. Llene una olla pequeña con una pulgada de agua. Llevar a ebullición a fuego lento. Coloque el chocolate en un bol más grande que el borde de la cacerola y coloque el bol sobre el agua hirviendo. Dejar reposar hasta que el chocolate se derrita. Retirar del fuego y revolver el chocolate hasta que quede suave. Deje enfriar un poco, unos 15 minutos. Con una espátula de goma, incorpora el mascarpone.

4. Retire el recipiente frío y los batidores del refrigerador. Vierta la crema en el bol y bata a velocidad alta hasta que la crema mantenga suavemente su forma cuando se levantan los batidores, aproximadamente 4 minutos.

5. Con una espátula, incorpora con cuidado la mitad de la crema a la mezcla de chocolate y reserva la segunda mitad para cubrir.

6. Vierte la mitad de la crema de chocolate en ocho vasos de semifreddo. Cubra con frambuesas. Vierta la crema de chocolate restante. Terminar con la nata montada. Decorar con chispas de chocolate. Servir inmediatamente.

Tiramisu

Tiramisu

Rinde de 8 a 10 porciones

Nadie sabe exactamente por qué este postre se llama "prendimi su" en italiano, pero se supone que el nombre deriva del efecto cafeína que aportan el café y el chocolate. Si bien la versión clásica contiene yemas de huevo crudas mezcladas con mascarpone, mi versión no contiene huevo porque no me gusta el sabor de los huevos crudos y creo que hacen que el postre sea más pesado de lo necesario.

Los bizcochos (galletas crujientes importadas de Italia) están ampliamente disponibles, pero puedes sustituirlos por cortadores de galletas o rebanadas de galletas normales. Si lo deseas, añade unas cucharadas de ron o coñac al café.

1 taza de crema espesa o para batir fría

1 libra de mascarpone

⅓ taza de azúcar

24 bizcochos (galletas italianas importadas)

1 taza de café expreso preparado a temperatura ambiente

2 cucharadas de cacao en polvo sin azúcar

1. Al menos 20 minutos antes de preparar el postre, coloca un bol grande y los accesorios para batir de una batidora eléctrica en el frigorífico.

2. Una vez terminado, saca el bol y la batidora del frigorífico. Vierta la crema en el bol y bata a velocidad alta hasta que la crema mantenga suavemente su forma cuando se levantan los batidores, aproximadamente 4 minutos.

3. En un tazón grande, mezcle el mascarpone y el azúcar hasta que quede suave. Toma aproximadamente un tercio de la crema batida y mézclala suavemente con la mezcla de mascarpone con una espátula flexible para aclararla. Agrega con cuidado la nata restante.

4. Sumerja ligera y rápidamente la mitad de los bizcochos en el café. (No las satures o se desmoronarán). Coloque las galletas en una sola capa en un plato para servir cuadrado o redondo de 9x2 pulgadas. Vierta la mitad de la crema de mascarpone.

5. Mojar los bizcochos restantes en el café y esparcirlos sobre el mascarpone. Cubrir con el resto de la mezcla de mascarpone y extender con cuidado con la espátula. Coloca el cacao en un colador de malla fina y agítalo sobre el bizcocho. Cubra con

papel de aluminio o film transparente y refrigere durante 3-4 horas o toda la noche para permitir que los sabores se mezclen. Se conserva bien hasta 24 horas en el frigorífico.

tiramisú de fresa

tiramisú de fresa

Rinde 8 porciones

Aquí hay una versión de tiramisú de fresa que encontré en una revista de comida italiana. Me gusta aún más la versión de café, pero prefiero todo tipo de postres a base de frutas.

Maraschino es un licor de cereza italiano claro y ligeramente amargo, que lleva el nombre de la variedad de cerezas Marasca. Maraschino está disponible aquí, pero puedes sustituirlo por otro licor de frutas si lo deseas.

3 litros de fresas lavadas y peladas

1 1/2 taza de jugo de naranja

¼ taza de marrasquino, crema de cassis o licor de naranja

1 1/4 taza de azúcar

1 taza de crema espesa o para batir fría

8 onzas de mascarpone

24 bizcochos (bizcochos italianos)

1. Reserva 2 tazas de las fresas más lindas para decorar. Picar finamente el resto. En un bol grande mezcla las fresas con el zumo de naranja, el licor y el azúcar. Dejar reposar a temperatura ambiente durante 1 hora.

2. Mientras tanto, coloque un tazón grande y los accesorios para batir de una batidora eléctrica en el refrigerador. Una vez terminado, saca el bol y la batidora del frigorífico. Vierta la crema en el bol y bata a velocidad alta hasta que la crema mantenga suavemente su forma cuando se levantan los batidores, aproximadamente 4 minutos. Con una espátula flexible, incorpora con cuidado el mascarpone.

3. Coloque los cupcakes en un plato para servir cuadrado o redondo de 9x2 pulgadas. Vierta la mitad de las fresas y su jugo. Divida la mitad de la crema de mascarpone sobre las bayas.

4. Repetir la operación con una segunda capa de bizcocho, fresas y nata montada, extendiendo con cuidado la nata con una espátula. Cubra y refrigere durante 3-4 horas o toda la noche para permitir que los sabores se mezclen.

5. Justo antes de servir, corte las fresas restantes y colóquelas en filas encima.

Tonterías italianas

Bizcocho y natillas

Rinde de 10 a 12 porciones

"Trifle" es el extravagante nombre de este delicioso postre. Se dice que los chefs italianos tomaron prestada la idea de la bagatela inglesa y le agregaron acentos italianos.

1Anillos de Vin Santoo 1 bizcocho (12 onzas) comprado en la tienda, cortado en rebanadas de 1/4 de pulgada de grosor

1/2 taza de mermelada de cereza o frambuesa

1 1/2 taza de ron oscuro o licor de naranja

2 1/2 tazas cada unoNatillas de chocolate y vainilla

1 taza de crema espesa o para batir

frambuesas frescas, para decorar

Chispas de chocolate, para decorar

1. Preparar el bizcocho y las natillas si es necesario. Luego, en un bol pequeño, mezcla la mermelada y el ron.

2. Vierta la mitad de la crema de vainilla en el fondo de un tazón de 3 cuartos. Coloca 1/4 de las rebanadas de bizcocho encima y unta con 1/4 de la mezcla de mermelada. Colocar encima la mitad de la crema de chocolate.

3. Haga otra capa de 1/4 de mezcla de pastel y mermelada. Repetir la operación con el resto de la crema de vainilla, 1/4 del resto de la mezcla de bizcocho y mermelada, la crema de chocolate y el resto de la mezcla de bizcocho y mermelada. Cubra bien con film transparente y refrigere durante al menos 3 horas y hasta 24 horas.

4. Al menos 20 minutos antes de servir, coloca un bol grande y las varillas de una batidora eléctrica en el frigorífico. Justo antes de servir, retira el bol y las varillas del frigorífico. Vierta la crema en el bol y bata a velocidad alta hasta que mantenga su forma cuando se levantan los batidores, aproximadamente 4 minutos.

5. Vierta la nata sobre la bagatela. Decora con frambuesas y chispas de chocolate.

Ponche de huevo

Rinde 2 porciones

En Italia, el zabaglione (pronunciado tsah-bahl-yo-neh; la g no dice nada) es un postre cremoso a base de huevo que a menudo se sirve como tónico para aumentar las fuerzas de quienes padecen resfriados u otras enfermedades. Con o sin enfermedad, es un postre delicioso solo o como salsa para frutas o productos horneados.

El ponche de huevo debe tragarse tan pronto como esté preparado, de lo contrario podría desmayarse. Para preparar el ponche con antelación, consulta la receta.ponche de huevo frío.

3 yemas de huevo grandes

3 cucharadas de azúcar

3 cucharadas de Marsala o vin santo seco o dulce

1. En la mitad inferior de una cacerola mediana o para baño maría, hierva aproximadamente 2 pulgadas de agua.

2. En la mitad superior del baño maría o en un recipiente resistente al calor que quepa cómodamente sobre la cacerola, bata las yemas de huevo y el azúcar con una batidora eléctrica a velocidad media hasta que quede suave, aproximadamente 2

minutos. Agrega el marsala. Vierta la mezcla sobre el agua hirviendo. (No dejes que el agua hierva o los huevos se revolverán).

3. Mientras calienta el agua hirviendo, continúe batiendo la mezcla de huevo hasta que esté de color amarillo pálido, muy esponjosa y mantenga una forma suave al caer de los batidores, de 3 a 5 minutos.

4. Vierta en vasos altos y sirva inmediatamente.

ponche de chocolate

Ponche de chocolate

Rinde 4 porciones

Esta variación del ponche de huevo es como una rica mousse de chocolate. Servir caliente con nata montada fría.

3 onzas de chocolate agridulce o semidulce, picado

1/4 taza de crema batida

4 yemas de huevo grandes

1/4 taza de azúcar

2 cucharadas de ron o licor de amaretto

1. En la mitad inferior de una cacerola mediana o para baño maría, hierva aproximadamente 2 pulgadas de agua. Combine el chocolate y la crema en un tazón pequeño resistente al calor colocado sobre agua hirviendo. Dejar reposar hasta que el chocolate se derrita. Mezclar con una espátula flexible hasta que quede suave. Alejar del calor.

2. Batir las yemas de huevo y el azúcar con una batidora eléctrica hasta que quede suave en la parte superior del baño maría o en otro recipiente resistente al calor que quepa en la cacerola, aproximadamente 2 minutos. Agrega el ron. Vierta la mezcla sobre el agua hirviendo. (No dejes que el agua hierva o los huevos se revolverán).

3. Batir la mezcla de yema de huevo hasta que esté pálida y esponjosa y mantenga una forma suave al caer de los batidores, de 3 a 5 minutos. Alejar del calor.

4. Incorpora suavemente la mezcla de chocolate con una espátula de goma. Servir inmediatamente.

Ponche de huevo frío con frutos rojos

Zabaglione frío con frutos rojos

Rinde 6 porciones

Si no quieres preparar el rompope antes de servirlo, esta versión fría es una buena alternativa. El rompope se enfría al baño María y luego se incorpora a la nata montada. Esto se puede hacer con hasta 24 horas de antelación. Me gusta servirlo sobre bayas frescas o higos maduros.

1 receta (aproximadamente 1 1/2 tazas) Ponche de huevo

3/4 taza de crema para batir fría o crema espesa

2 cucharadas de azúcar glas

1 cucharada de licor de naranja

1 ½ tazas de arándanos, frambuesas o una combinación, enjuagados y secos

1. Al menos 20 minutos antes de que estés listo para preparar el rompope, coloca un tazón grande y las varillas de una batidora eléctrica en el refrigerador. Llene otro recipiente grande con hielo y agua.

2. Prepara el ponche de huevo del paso 3. Una vez que el ponche de huevo esté listo, retíralo del agua hirviendo y coloca el bol sobre el agua helada. Con un batidor de varillas, bata el ponche de huevo hasta que se enfríe, aproximadamente 3 minutos.

3. Retire el recipiente frío y los batidores del refrigerador. Vierta la crema en el bol y bata la crema a velocidad alta hasta que comience a tomar una forma suave, aproximadamente 2 minutos. Agrega el azúcar glas y el licor de naranja. Cuando se levanten los batidores, bata la crema hasta que quede suave, unos 2 minutos más. Con una espátula flexible, agregue con cuidado el ponche de huevo frío. Cubra y refrigere durante al menos 1 hora hasta que esté listo para servir.

4. Divida las bayas en 6 tazones para servir. Completar con la crema de zabaglione fría y servir inmediatamente.

gelatina de limon

gelatina de limon

Rinde 6 porciones

El jugo y la ralladura de limón hacen que este postre sea ligero y refrescante.

2 sobres de gelatina inodora

1 taza de azúcar

2 1/2 tazas de agua fría

2 tiras (2 pulgadas) de ralladura de limón

2½ taza de jugo de limón fresco

Rodajas de limón y ramitas de menta, para decorar

1. Mezcla la gelatina y el azúcar en una cacerola mediana. Agrega el agua y la ralladura de limón. Cocine a fuego medio, revolviendo constantemente, hasta que la gelatina se disuelva por completo, aproximadamente 3 minutos. (No dejes que la mezcla hierva).

2. Retirar del fuego y agregar el jugo de limón. Vierta la mezcla a través de un colador de malla fina en un molde o tazón de 5 tazas. Cubra y enfríe hasta que cuaje, de 4 horas a toda la noche.

3. Cuando esté listo para servir, llena un recipiente con agua tibia y sumerge el molde en el agua durante 30 segundos. Pasa un cuchillo pequeño por los lados. Coloca un plato sobre el molde y, manteniéndolos muy juntos, gíralos para que la gelatina se transfiera al plato. Decorar con rodajas de limón y ramitas de menta.

Gelatina de naranja y ron

Jalea de Naranja con Ron

Rinde 4 porciones

La crema batida con sabor a ron es un buen complemento. El jugo de naranja sanguina funciona mejor aquí.

2 sobres de gelatina inodora

1/2 taza de azúcar

1/2 taza de agua fría

3 tazas de jugo de naranja fresco

2 cucharadas de ron oscuro

Rodajas de naranja, para decorar.

1. Mezcla la gelatina y el azúcar en una cacerola mediana. Agrega el agua y cocina a fuego medio, revolviendo constantemente, hasta que la gelatina se disuelva por completo, aproximadamente 3 minutos. (No dejes que la mezcla hierva).

2. Retirar del fuego y agregar el jugo de naranja y el ron. Vierta la mezcla en un molde o tazón de 5 tazas. Cubra y enfríe hasta que cuaje, de 4 horas a toda la noche.

3. Cuando esté listo para servir, llena un recipiente con agua tibia y sumerge el molde en el agua durante 30 segundos. Pasa un cuchillo pequeño por los lados. Coloca un plato sobre el molde y, manteniéndolos muy juntos, gíralos para que la gelatina se transfiera al plato. Decora con rodajas de naranja.

Coles de Bruselas al horno

Brotes al horno

Rinde de 4 a 6 porciones

Si nunca has probado las coles de Bruselas asadas, te sorprenderá lo buenas que están. Los aso hasta que estén bien dorados. Las hojas exteriores se vuelven crujientes mientras que las interiores permanecen suaves. Van muy bien con el cerdo asado.

1 libra de coles de Bruselas

⅓ taza de aceite de oliva

Sabroso

3 dientes de ajo, rebanados

1. Con un cuchillo de cocina, corte una rodaja fina de la parte inferior de las coles de Bruselas. Córtelos por la mitad por la parte inferior.

2. Precalienta el horno a 180 ° C. Vierte el aceite en una fuente para horno lo suficientemente grande como para contener los brotes en una sola capa. Agrega las coles de Bruselas, la sal y el ajo.

Mezcla bien y voltea las coles de Bruselas con el lado cortado hacia abajo.

3. Ase los brotes, revolviendo una vez, durante 30 a 40 minutos o hasta que estén dorados y tiernos. Servir caliente.

Las coles de Bruselas con tocino

Las coles de Bruselas con tocino

Rinde de 4 a 6 porciones

El ajo y el tocino dan sabor a estas coles de Bruselas. Sustituye el tocino por tocino para darle un toque de sabor ahumado.

1 libra de coles de Bruselas

Sal al gusto

2 cucharadas de aceite de oliva

2 rebanadas gruesas (2 onzas) de tocino, cortado en palitos

4 dientes de ajo grandes, cortados en rodajas finas

Una pizca de pimiento rojo molido

1. Con un cuchillo de cocina, corte una rodaja fina de la parte inferior de las coles de Bruselas.

2. Traiga una olla grande con agua a hervir. Añade las coles de Bruselas y sal al gusto. Cocine hasta que los brotes estén casi tiernos, aproximadamente 5 minutos.

3. En una sartén grande, fríe el tocino en aceite hasta que esté ligeramente dorado, aproximadamente 5 minutos. Agrega el ajo y el pimiento rojo triturado y cocina hasta que el ajo esté dorado, unos 2 minutos más.

4. Añade las coles de Bruselas, 2 cucharadas de agua y una pizca de sal. Cocine, revolviendo ocasionalmente, hasta que los brotes estén tiernos y comiencen a dorarse, aproximadamente 5 minutos. Servir caliente.

Repollo Dorado Con Ajo

Repollo Al Ajo

Rinde 4 porciones

El repollo cocinado de esta manera no sabe nada a las verduras blandas y blandas que a todos nos encanta odiar. Siempre he pensado que cocinar el repollo durante demasiado tiempo lo arruina, pero en este caso, como las coles de Bruselas asadas arriba, la cocción lenta y prolongada dora el repollo y le da un sabor rico y dulce. Lo probé por primera vez en Manducatis, un restaurante en Long Island City cuyos dueños son de Montecassino, Italia.

1 repollo mediano (aproximadamente 1 1/2 libra)

3 dientes de ajo grandes, finamente picados

pimiento rojo molido

1 1/4 taza de aceite de oliva

Sabroso

1. Corta las hojas exteriores del repollo. Con un cuchillo de chef grande y pesado, corte una cuarta parte del repollo. Cortar el núcleo. Corta el repollo en trozos pequeños.

2. En una olla grande, cocina el ajo y el chile en aceite de oliva a fuego medio hasta que el ajo esté dorado, aproximadamente 2 minutos.

3. Agrega el repollo y la sal. Mezclar bien. Tape y cocine, revolviendo con frecuencia, durante 20 minutos o hasta que el repollo esté ligeramente dorado y tierno. Añade un poco de agua si el repollo empieza a pegarse. Servir caliente.

Repollo rallado con alcaparras y aceitunas

Repollo con Alcaparras

Rinde 4 porciones

Las aceitunas y las alcaparras adornan el repollo picado. Si no quieres comprar repollo entero, intenta prepararlo con una bolsa de ensalada de col normal del pasillo del supermercado. La marca que compro es una combinación de repollo blanco, un poco de lombarda y zanahoria. Funciona perfectamente en esta receta.

4 cucharadas de aceite de oliva

1 repollo pequeño (aproximadamente 1 libra)

Aproximadamente 3 cucharadas de agua

1 o 2 cucharadas de vinagre de vino blanco

Sabroso

1/2 taza de aceitunas verdes picadas

1 cucharada de alcaparras picadas

1. Corta las hojas exteriores del repollo. Con un cuchillo de chef grande y pesado, corte una cuarta parte del repollo. Cortar el núcleo. Corta los cuartos transversalmente en tiras estrechas.

2. Calienta el aceite en una sartén grande a fuego medio. Agrega la col, el agua, el vinagre y un poco de sal. Mezclar bien.

3. Tapa la sartén y reduce el fuego a bajo. Cocine hasta que el repollo esté casi tierno, aproximadamente 15 minutos.

4. Agrega las aceitunas y las alcaparras. Cocine hasta que el repollo esté muy suave, unos 5 minutos más. Si aún queda mucho líquido en la cacerola, retira la tapa y cocina hasta que se haya evaporado. Servir caliente.

Repollo con tocino ahumado

Mezclado con tocino ahumado

Rinde 6 porciones

Aquí tienes otra receta tradicional friulana inspirada por el chef Gianni Cosetti. Gianni usa tocino ahumado para esta receta, pero también puedes reemplazarlo con tocino ahumado o jamón.

2 cucharadas de aceite de oliva

1 cebolla mediana picada

2 onzas de tocino ahumado, tocino o jamón picado

½ repollo mediano, cortado en rodajas finas

Sal y pimienta negra recién molida

1. Freír el aceite, la cebolla y el tocino en una sartén grande durante 10 minutos o hasta que estén dorados.

2. Agrega repollo, sal y pimienta al gusto. Baja la calefaccion. Tape y cocine por 30 minutos o hasta que esté muy suave. Servir caliente.

cardo frito

Cardoni frito

Rinde 6 porciones

Aquí tienes una receta básica de cardos: se hierven, se rebozan y se fríen hasta que estén crujientes. Quedan deliciosos como parte de un aperitivo o como guarnición con cordero o pescado.

1 limón cortado por la mitad

2 libras de cardo

3 huevos grandes

2 cucharadas de Parmigiano-Reggiano recién rallado

Sal y pimienta negra recién molida

2 tazas de pan rallado

Aceite vegetal para freír

rodajas de limon

1. Exprime el limón en un recipiente grande con agua fría. Corta los extremos del cardo y divide el tallo en chuletas. Use un cuchillo

de cocina para pelar cada costilla y quitar los hilos y las hojas largos y duros. Corta cada costilla en trozos de 3 pulgadas. Coloca los trozos en el agua con limón.

2. Traiga una olla grande con agua a hervir. Escurrir los cardos y añadirlos a la sartén. Cocine hasta que estén tiernos al pincharlos con un cuchillo, aproximadamente de 20 a 30 minutos. Escurrirlas bien y dejarlas enfriar con agua corriente. Secar las piezas.

3. Forra una bandeja con toallas de papel. En un recipiente poco profundo batir los huevos con el queso, sal y pimienta al gusto. Extiende el pan rallado sobre una hoja de papel de horno. Pasar los cardos por el huevo y luego pasarlos por el pan rallado.

4. En una sartén grande y profunda, caliente aproximadamente ½ pulgada de aceite a fuego medio hasta que una pequeña gota de huevo chisporrotee y se cocine rápidamente cuando se deja caer en la sartén. Agregue suficientes cardos para que quepan en una capa sin amontonarlos. Cocine, volteando los trozos con unas pinzas, hasta que estén dorados y crujientes por todos lados, aproximadamente de 3 a 4 minutos. Dejar escurrir sobre papel de cocina. Mantenlos calientes en el horno bajo mientras cocinas el resto. Servir caliente con rodajas de limón.

Cardo con Parmigiano-Reggiano

cardoni parmesano

Rinde 6 porciones

El cardo queda delicioso frito con mantequilla y parmesano.

1 limón cortado por la mitad

Aproximadamente 2 libras de cardo

Sal y pimienta recién molida

3 cucharadas de mantequilla sin sal

½ taza de Parmigiano-Reggiano recién rallado

1. Preparar los cardos como encardo fritohasta el paso 2.

2. Coloca una rejilla en el centro del horno. Precaliente el horno a 450 ° F. Unte generosamente con mantequilla un molde para hornear de 13 × 9 × 2 pulgadas.

3. Coloca los trozos de cardo en la sartén. Unte con mantequilla y espolvoree con sal y pimienta. Divide el queso por encima.

4. Hornee durante 10-15 minutos o hasta que el queso se derrita ligeramente. Servir caliente.

Cárdigan color crema

Cardoni con crema

Rinde 6 porciones

Estos cardos se cuecen en una sartén con un poco de nata. Parmigiano-Reggiano aporta el toque final.

1 limón cortado por la mitad

Aproximadamente 2 libras de cardo

2 cucharadas de mantequilla sin sal

Sal y pimienta negra recién molida

1 1/2 taza de crema batida

1/2 taza de Parmigiano-Reggiano recién rallado

1. Preparar los cardos como encardo fritohasta el paso 2.

2. Derrita la mantequilla en una sartén grande a fuego medio. Agrega el cardo, sal y pimienta al gusto. Mezcle hasta que esté cubierto de mantequilla, aproximadamente 1 minuto.

3. Añade la nata y lleva a ebullición. Cocine hasta que la crema esté ligeramente espesa, aproximadamente 1 minuto. Espolvorea con queso y sirve caliente.

Zanahorias y Nabos con Marsala

Mix de Rape y Zanahorias

Rinde 4 porciones

Marsala, dulce y con sabor a nuez, realza el sabor de los tubérculos como las zanahorias y los nabos.

4 zanahorias medianas

2 nabos medianos o 1 colinabo grande

2 cucharadas de mantequilla sin sal

Sabroso

1/4 taza de Marsala seco

1 cucharada de perejil fresco picado

1. Pele las zanahorias y los nabos y córtelos en trozos de 1 pulgada.

2. Derrita la mantequilla en una sartén grande a fuego medio. Agrega las verduras y sal al gusto. Cocine por 5 minutos, revolviendo ocasionalmente.

3. Agrega el marsala. Tape y cocine por otros 5 minutos o hasta que el vino se haya evaporado y las verduras estén tiernas. Espolvorea con perejil y sirve inmediatamente.

Zanahorias Asadas Con Ajo Y Aceitunas

Zanahorias Al Horno

Rinde 4 porciones

Las zanahorias, el ajo y las aceitunas son una combinación sorprendentemente buena, y el sabor salado de las aceitunas contrasta con el dulzor de las zanahorias. Los tuve en Liguria, cerca de la frontera con Francia.

8 zanahorias medianas, peladas y cortadas diagonalmente en rodajas de 1/2 pulgada de grosor

2 cucharadas de aceite de oliva

3 dientes de ajo, rebanados

Sal y pimienta negra recién molida

½ taza de aceitunas negras dulces importadas sin hueso, como Gaeta

1. Coloca una rejilla en el centro del horno. Precaliente el horno a 425 ° F. En una bandeja para hornear grande, mezcle las zanahorias con aceite, ajo, sal y pimienta al gusto.

2. Ase durante 15 minutos. Agrega las aceitunas y cocina hasta que las zanahorias estén tiernas, unos 5 minutos más, sirve caliente.

Crema De Zanahorias

Zanahorias a la crema

Rinde 4 porciones

Las zanahorias se comen tan a menudo crudas que nos olvidamos de lo deliciosas que se pueden cocinar. En esta receta, la crema batida complementa el sabor dulce.

8 zanahorias medianas

2 cucharadas de mantequilla sin sal

Sabroso

1/2 taza de crema batida

Una pizca de nuez moscada rallada

1. Pelar las zanahorias. Córtelos en rodajas de 1/4 de pulgada de grosor.

2. Derrita la mantequilla en una cacerola mediana a fuego medio. Agrega zanahorias y sal al gusto. Tape y cocine, revolviendo ocasionalmente, hasta que las zanahorias se ablanden, aproximadamente 5 minutos.

3.Agrega la nata y la nuez moscada. Cocine hasta que la crema se espese y las zanahorias estén tiernas, otros 4-5 minutos. Servir inmediatamente.

Zanahorias agridulces

Caroteno en Agrodolce

Rinde 4 porciones

Me gusta servir estas zanahorias con cerdo o pollo asado. Si tienes perejil, menta o albahaca a mano, pica la hierba y mézclala con las zanahorias justo antes de servir.

8 zanahorias medianas

1 cucharada de mantequilla sin sal

3 cucharadas de vinagre de vino blanco

2 cucharadas de azúcar

Sabroso

1. Pelar las zanahorias. Córtelos en rodajas de 1/4 de pulgada de grosor.

2. Derrita la mantequilla en una cacerola mediana a fuego medio. Agrega el vinagre y el azúcar y revuelve hasta que el azúcar se haya disuelto. Agrega zanahorias y sal al gusto. Tapa la olla y

cocina hasta que las zanahorias se ablanden, aproximadamente 5 minutos.

3. Retirar de la sartén y cocinar las zanahorias, revolviendo con frecuencia, hasta que estén tiernas, unos 5 minutos más. Me gustan las hierbas. Servir caliente oa temperatura ambiente.

Berenjenas Marinadas con Ajo y Menta

berenjena marinada

Rinde de 4 a 6 porciones

Delicioso como acompañamiento de pollo a la parrilla o como parte de un aperitivo. También se pueden preparar calabacines y zanahorias de esta forma.

2 berenjenas medianas (aproximadamente 1 libra cada una)

Sabroso

Aceite de oliva

3 cucharadas de vinagre de vino tinto

2 dientes de ajo picados

1/4 taza de menta fresca picada

Pimienta negra recién molida

1. Corta la parte superior e inferior de las berenjenas. Corte la berenjena transversalmente en rodajas de 1/2 pulgada de grosor. Coloca las rodajas en un colador y espolvorea cada capa con sal. Colocar las berenjenas en un plato para que escurran

durante al menos 30 minutos. Enjuague la sal con agua fría y seque las rodajas con toallas de papel.

2. Precaliente el horno a 450 ° F. Unte las rodajas de berenjena con aceite y colóquelas, con el lado engrasado hacia abajo, en una sola capa sobre las bandejas para hornear. Cepille la parte superior con aceite. Cocine las rodajas durante 10 minutos. Voltee y cocine hasta que estén dorados y suaves, aproximadamente 10 minutos más.

3. Coloque las rodajas de berenjena en un recipiente de plástico poco profundo con tapa hermética para que se superpongan ligeramente. Espolvorea con vinagre, ajo, menta y pimienta. Repita las capas hasta que se hayan utilizado todos los ingredientes.

4. Cubra y refrigere durante al menos 24 horas antes de servir. Se conservan bien durante varios días.

Berenjenas A La Parrilla Con Salsa De Tomate Fresco

Berenjenas asadas con salsa

Rinde 4 porciones

Aquí las rodajas de berenjena se asan a la parrilla y luego se sazonan con una salsa de tomate fresco. Sirva con hamburguesas, filetes o chuletas. Hice preparar las berenjenas de esta manera en Abruzzo, donde a menudo se utilizan pimientos verdes frescos. Si lo prefieres, sustituye el ají triturado por un frasco.

1 berenjena mediana (aproximadamente 1 libra)

Sabroso

3 cucharadas de aceite de oliva

1 tomate maduro mediano

2 cucharadas de perejil fresco picado

1 cucharada de chile fresco finamente picado (o al gusto)

1 cucharadita de jugo de limón fresco

1. Corta la parte superior e inferior de las berenjenas. Corte la berenjena transversalmente en rodajas de 1/2 pulgada de grosor. Coloca las rodajas en un colador y espolvorea cada capa con sal. Colocar las berenjenas en un plato para que escurran durante al menos 30 minutos. Enjuague la sal con agua fría y seque las rodajas con toallas de papel.

2. Coloque una barbacoa o parrilla a unas 2 pulgadas de la fuente de calor. Precalienta la parrilla o barbacoa. Unte las rodajas de berenjena por un lado con aceite de oliva y colóquelas con el lado engrasado hacia la fuente de calor. Cocine hasta que esté ligeramente dorado, aproximadamente 5 minutos. Voltear las rodajas y untarlas con aceite. Cocine hasta que estén dorados y tiernos, aproximadamente 4 minutos.

3. Coloca las rodajas en un plato, superponiéndolas ligeramente.

4. Divide el tomate por la mitad y exprime las semillas y el jugo. Picar finamente el tomate. En un tazón mediano, mezcla el tomate con el perejil, el ají, el jugo de limón y sal al gusto. Vierte la mezcla de tomate sobre las berenjenas. Servir a temperatura ambiente.

"Sándwiches" de berenjenas y mozzarella

Sándwich de muzzarella

Rinde 6 porciones

A veces agrego una loncha de jamón doblada a estos "sándwiches" y los sirvo como aperitivo. Vierte un poco de salsa de tomate y, si quieres, espolvorea con parmesano rallado.

2 berenjenas medianas (aproximadamente 1 libra cada una)

Sabroso

Aceite de oliva

Pimienta negra recién molida

1 cucharada de tomillo fresco picado o perejil de hoja plana

8 onzas de mozzarella fresca, en rodajas finas

1. Corta la parte superior e inferior de las berenjenas. Con un pelador giratorio, retire las tiras de piel a lo largo a intervalos de aproximadamente 1 pulgada. Corte la berenjena transversalmente en un número par de rodajas de ½ pulgada de grosor. Coloca las rodajas en un colador y espolvorea cada capa con sal. Coloca el colador en un plato para que escurra durante

al menos 30 minutos. Enjuague la sal con agua fría y seque las rodajas con toallas de papel.

2. Precaliente el horno a 450 ° F. Unte las rodajas de berenjena con aceite de oliva y colóquelas con el lado aceitado hacia abajo en una sola capa sobre bandejas para hornear. Cepille la parte superior con aceite adicional. Espolvorea con pimienta y hierbas. Cocine por 10 minutos. Voltee las rodajas y cocine por 10 minutos más, o hasta que estén ligeramente doradas y tiernas.

3. Retirar las berenjenas del horno, pero dejar el horno encendido.

4. Cubrir la mitad de las rodajas de berenjena con mozzarella. Coloca encima las rodajas de berenjena restantes. Regrese las bandejas para hornear al horno durante 1 minuto o hasta que el queso comience a derretirse. Servir caliente.

Berenjenas con ajo y hierbas aromáticas

berenjenas al horno

Rinde de 6 a 8 porciones

Me gusta usar berenjenas japonesas largas y delgadas cuando las veo en mi mercado de agricultores durante los meses de verano. Son excelentes para las comidas de verano, simplemente asados con ajo y hierbas.

3 cucharadas de aceite de oliva

8 berenjenas japonesas pequeñas (todas aproximadamente del mismo tamaño)

1 diente de ajo, picado muy fino

2 cucharadas de albahaca fresca picada

Sal y pimienta negra recién molida

1. Coloca una rejilla en el centro del horno. Precaliente el horno a 400 ° F. Engrase una bandeja para hornear grande.

2. Recorta los extremos del tallo de las berenjenas y córtalas por la mitad a lo largo. Haga varias hendiduras poco profundas en las

superficies cortadas. Coloca las berenjenas en la bandeja para hornear con el lado cortado hacia arriba.

3. En un tazón pequeño, mezcle el aceite, el ajo, la albahaca, la sal y la pimienta al gusto. Repartir la mezcla sobre las berenjenas y empujarla un poco por los surcos.

4. Cocine durante 25-30 minutos o hasta que la berenjena esté tierna. Servir caliente oa temperatura ambiente.

Sticks de berenjena a la napolitana con tomates cherry

palitos de berenjena

Rinde 4 porciones

En el restaurante Dante e Beatrice de Nápoles, las comidas comienzan con una serie de pequeños bocados. Palitos de berenjena en salsa de tomate fresco y albahaca son uno de los platos que a mi marido y a mí nos encanta comer allí. Las berenjenas japonesas son más suaves que las de bulbo grande, pero se puede usar cualquier tipo para esta receta.

6 berenjenas japonesas pequeñas (alrededor de 1 ½ libras)

Aceite vegetal para freír

Sabroso

2 dientes de ajo, pelados y ligeramente triturados

Una pizca de pimiento rojo molido

3 cucharadas de aceite de oliva

4 tomates cherry pelados, sin semillas y cortados en trozos pequeños

¼ taza de hojas de albahaca, apiladas y cortadas en tiras finas

1. Retire la parte superior e inferior de las berenjenas y córtelas a lo largo en 6 gajos. Cortar transversalmente en 3 trozos. Secar las piezas con papel absorbente.

2. Forra una bandeja con toallas de papel. Vierta aproximadamente ½ pulgada de aceite en una sartén mediana. Calienta a fuego medio hasta que un pequeño trozo de berenjena chisporrotee cuando se agrega a la sartén. Agregue con cuidado tantas berenjenas como quepan cómodamente en una sola capa en la sartén. Cocine, revolviendo ocasionalmente, hasta que los bordes estén ligeramente dorados, aproximadamente 5 minutos. Retirar las berenjenas con una espumadera o espumadera y escurrirlas sobre papel toalla. Repetir la operación con las berenjenas restantes. Espolvorea con sal.

3. En una sartén grande, saltee el ajo con el chile en el aceite de oliva hasta que el ajo esté dorado, aproximadamente 4 minutos. Retire y deseche el ajo. Agrega los tomates y cocina por 5 minutos o hasta que espese.

4. Agrega las berenjenas y la albahaca y cocina por 2 minutos más. Sazonar con sal. Servir caliente oa temperatura ambiente

Berenjenas Rellenas De Jamón Y Queso

Berenjena rellena

Rinde 6 porciones

Primos, tíos y tías vinieron de toda la región cuando mi esposo Carlo y yo fuimos por primera vez a visitar a sus familiares, que viven cerca del famoso Valle de los Templos en Agrigento, Sicilia. Cada unidad familiar quería que visitáramos su casa, cenáramos y pasáramos la noche. Queríamos pasar tiempo con todos, pero también queríamos ver algunos de los sitios históricos locales de los que siempre habíamos oído hablar tanto, y solo teníamos unos pocos días. Afortunadamente, la prima de mi marido, Ángela, se hizo cargo y se aseguró de que estuviéramos bien atendidos. Cuando le dije que me interesaba la cocina local, me enseñó a preparar este delicioso plato de berenjenas.

6 berenjenas pequeñas (alrededor de 1 ½ libras)

Sabroso

1/4 taza de aceite de oliva

1 cebolla mediana picada

1 tomate mediano

2 huevos batidos

½ taza de caciocavallo, provolone o parmigiano-reggiano rallado

1/4 taza de albahaca fresca picada

2 onzas de jamón italiano importado, finamente picado

½ taza más 1 cucharada de pan rallado

Sal y pimienta negra recién molida

1. Quitar la parte superior de las berenjenas y cortarlas por la mitad a lo largo. Con un cuchillo afilado y una cuchara, retire la pulpa de la berenjena, dejando la piel de aproximadamente 1/4 de pulgada de grosor. Cortar la pulpa de las berenjenas.

2. Coloca la berenjena en rodajas en un colador. Salar generosamente y dejar escurrir en un plato durante al menos 30 minutos. Espolvorea las pieles de berenjena con sal y déjalas escurrir con el lado cortado hacia abajo.

3. Enjuague la sal con agua fría y seque las berenjenas con toallas de papel. Exprime la pulpa para quitar el agua.

4. Calienta el aceite en una sartén mediana a fuego medio. Agregue la cebolla picada y la berenjena y cocine, revolviendo con

frecuencia, hasta que estén suaves, aproximadamente 15 minutos. Vierta la mezcla en un bol.

5. Divide el tomate por la mitad y exprime las semillas y el jugo. Corta el tomate en trozos pequeños y añádelo al bol. Agrega los huevos, el queso, la albahaca, el jamón, 1/2 taza de pan rallado y sal y pimienta al gusto. Mezclar bien.

6. Coloca una rejilla en el centro del horno. Precaliente el horno a 400 ° F. Engrase una bandeja para hornear lo suficientemente grande como para contener las cáscaras de berenjena en una sola capa.

7. Rellenar las cáscaras con la mezcla de berenjena y redondear la superficie. Colócalos en la sartén. Espolvorea con 1 cucharada de pan rallado. Vierta 1/4 taza de agua alrededor de la berenjena. Hornee de 45 a 50 minutos o hasta que las cáscaras estén tiernas al perforarlas. Servir caliente oa temperatura ambiente.

Berenjenas rellenas de anchoas, alcaparras y aceitunas

Berenjena rellena

Rinde 4 porciones

Parece que no hay límites para las formas sicilianas de cocinar berenjenas. Combina los sabores clásicos de anchoas, aceitunas y alcaparras.

2 berenjenas medianas (aproximadamente 1 libra cada una)

Sabroso

¼ taza más 1 cucharada de aceite de oliva

1 diente de ajo grande, finamente picado

2 tomates medianos, pelados, sin semillas y picados

6 filetes de anchoa

½ taza de Gaeta u otras aceitunas negras tiernas picadas

2 cucharadas de alcaparras, enjuagadas y escurridas

1/2 cucharadita de orégano seco

⅓ taza de pan rallado seco

1. Corta la parte superior de las berenjenas. Cortar las berenjenas por la mitad a lo largo. Con un cuchillo afilado y una cuchara, saque la pulpa de la berenjena, dejando una cáscara de aproximadamente 1/2 pulgada de grosor. Pica la carne en trozos grandes y colócala en un colador. Espolvorea generosamente con sal y colócala en un plato para que escurra. Espolvorea sal el interior de las cáscaras de berenjena y colócalas boca abajo sobre papel absorbente. Dejar escurrir durante 30 minutos.

2. Enjuague la sal con agua fría y seque las berenjenas con toallas de papel. Exprime la pulpa para quitar el agua.

3. Caliente el aceite en una sartén grande a fuego medio hasta que un pequeño trozo de berenjena chisporrotee cuando se agregue a la sartén. Agregue la pulpa de berenjena y cocine, revolviendo con frecuencia, hasta que comience a dorarse, de 15 a 20 minutos. Agrega el ajo y sofríe durante 1 minuto. Agrega los tomates, las anchoas, las aceitunas, las alcaparras, el orégano y salpimenta al gusto. Cocine hasta que espese, unos 5 minutos más.

4. Coloca una rejilla en el centro del horno. Precaliente el horno a 400 ° F. Engrase una bandeja para hornear lo suficientemente

grande como para contener las cáscaras de berenjena en una sola capa.

5. Rellena las cáscaras con la mezcla de berenjenas. Colócalos en la sartén. Mezclar el pan rallado con el aceite restante y espolvorearlo sobre las conchas. Hornee durante 45 minutos o hasta que las cáscaras estén suaves al perforarlas. Dejar enfriar un poco. Servir caliente oa temperatura ambiente.

Berenjenas Con Vinagre Y Hierbas

Berenjena con hierbas

Rinde de 6 a 8 porciones

Planee hacer esto al menos una hora antes de servir. Dejarlo actuar le da al vinagre la oportunidad de ablandarse. Me gusta servirlo con atún a la parrilla o pez espada como parte de una barbacoa de verano.

2 berenjenas medianas (aproximadamente 1 libra cada una), cortadas en trozos de 1 pulgada

Sabroso

1/2 taza de aceite de oliva

1/2 taza de vinagre de vino tinto

1/4 taza de azúcar

2 cucharadas de perejil fresco picado

2 cucharadas de menta fresca picada

1. Corta la parte superior e inferior de las berenjenas. Corta la berenjena en trozos de 1 pulgada. Coloca los trozos en un

colador y espolvorea cada capa con sal. Coloca el colador en un plato para que escurra durante al menos 30 minutos. Enjuague la sal con agua fría y seque las piezas con toallas de papel.

2. Forra una bandeja con toallas de papel. Calienta 1/4 taza de aceite en una sartén grande a fuego medio. Agregue la mitad de los trozos de berenjena y cocine, revolviendo con frecuencia, hasta que estén dorados, aproximadamente 15 minutos. Con una espumadera, transfiera la berenjena a toallas de papel para que escurra. Agrega el aceite restante a la sartén y sofríe las berenjenas restantes de la misma forma.

3. Retire la sartén del fuego y vierta con cuidado el aceite restante. Limpia suavemente la sartén con toallas de papel.

4. Coloca la sartén a fuego medio y agrega el vinagre y el azúcar. Revolver hasta que el azúcar se disuelva. Regrese todas las berenjenas a la sartén y cocine, revolviendo, hasta que se absorba el líquido, aproximadamente 5 minutos.

5. Coloca las berenjenas en un plato para servir y espolvoréalas con perejil y menta. Dejar enfriar. Servir a temperatura ambiente.

Chuletas De Berenjena Frita

tortilla de berenjenas

Rinde de 4 a 6 porciones

El único problema de estas chuletas es que es difícil dejar de comerlas. Quedan riquísimos cuando están calientes y recién hechos. Sírvelos en sándwiches o como guarnición.

1 berenjena mediana (aproximadamente 1 libra)

Sabroso

2 huevos grandes

¼ taza de Parmigiano-Reggiano recién rallado

Pimienta negra recién molida

1/2 taza de harina para todo uso

1½ tazas de pan rallado seco

Aceite vegetal para freír

1. Corta la parte superior e inferior de las berenjenas. Corte la berenjena transversalmente en rodajas de 1/4 de pulgada de

grosor. Coloca las rodajas en un colador y espolvorea cada capa con sal. Coloca el colador en un plato para que escurra durante al menos 30 minutos. Enjuague la sal con agua fría y seque las rodajas con toallas de papel.

2. Coloca la harina en un recipiente poco profundo. En otro recipiente poco profundo, bata los huevos, el queso, la sal y la pimienta al gusto. Pasar las rodajas de berenjena por la harina, luego por la mezcla de huevo y después por el pan rallado, para que queden bien rebozadas. Dejar secar las rodajas sobre una rejilla durante 15 minutos.

3. Forra una bandeja con toallas de papel. Pon el horno a fuego lento. En una sartén grande y pesada, caliente 1/2 pulgada de aceite hasta que una pequeña gota de la mezcla de huevo chisporrotee cuando toque el aceite. Agrega suficientes rodajas de berenjena para que quepan en una sola capa sin amontonarlas. Cocine hasta que se dore por un lado, aproximadamente 3 minutos, luego voltee y dore por el otro lado, aproximadamente 2 a 3 minutos más. Escurre las rodajas de berenjena sobre papel de cocina. Mantenlas calientes en el horno bajo mientras cocinas el resto de la misma forma. Servir caliente.

Berenjenas con salsa de tomate picante

berenjenas en salsa

Rinde de 6 a 8 porciones

Este plato en capas es similar a la berenjena a la parmesana, sin parmesano. Al no llevar queso es más ligero y fresco, excelente para acompañar las comidas de verano.

2 berenjenas medianas (aproximadamente 1 libra cada una)

Sabroso

Aceite de oliva

2 dientes de ajo machacados

2 tazas de pasta de tomate

1/2 cucharadita de pimiento rojo triturado

1/2 taza de hojas de albahaca fresca picadas

1. Corta la parte superior e inferior de las berenjenas. Corte la berenjena transversalmente en rodajas de 1/2 pulgada de grosor. Coloca las rodajas en un colador y espolvorea cada capa con sal. Coloca el colador en un plato para que escurra durante

al menos 30 minutos. Enjuague la sal con agua fría y seque las rodajas con toallas de papel.

2. Coloca una rejilla en el centro del horno. Precaliente el horno a 450 ° F. Unte dos moldes grandes de gelatina con aceite. Coloca las rodajas de berenjena en una sola capa. Cepille con aceite. Hornee hasta que esté ligeramente dorado, aproximadamente 10 minutos. Voltee las rodajas con una espátula de metal y cocine hasta que el segundo lado esté dorado y las rodajas estén tiernas al perforarlas, unos 10 minutos más.

3. En una cacerola mediana, saltee el ajo en 1/4 taza de aceite de oliva a fuego medio hasta que esté dorado, aproximadamente 2 minutos. Agrega el puré de tomate, la guindilla y sal al gusto. Cocine a fuego lento durante 15 minutos o hasta que espese. Deseche el ajo.

4. En un plato hondo disponemos la mitad de las berenjenas en una sola capa. Untar con la mitad de la salsa y la albahaca. Repetir con el resto de los ingredientes. Servir a temperatura ambiente.

Berenjena a la parmesana

berenjena parmesano

Rinde de 6 a 8 porciones

Este es uno de esos platos de los que no me canso. Si prefieres no freír las berenjenas, prueba a hacerlas con rodajas a la plancha o fritas.

2 1/2 tazasSalsa marinarau otra salsa de tomate simple

2 berenjenas medianas (aproximadamente 1 libra cada una)

Sabroso

Aceite de oliva o aceite vegetal para freír.

8 onzas de mozzarella fresca, en rodajas

½ taza de Parmigiano-Reggiano o Pecorino Romano recién rallado

1. Si es necesario, prepara la salsa. Luego corta la parte superior e inferior de las berenjenas. Corte la berenjena transversalmente en rodajas de 1/2 pulgada de grosor. Coloca las rodajas en un colador y espolvorea cada capa con sal. Coloca el colador en un plato para que escurra durante al menos 30 minutos. Enjuague la sal con agua fría y seque las rodajas con toallas de papel.

2. Forra una bandeja con toallas de papel. Caliente aproximadamente ½ pulgada de aceite en una sartén grande a fuego medio hasta que un pequeño trozo de berenjena chisporrotee cuando se agregue a la sartén. Agrega suficientes rodajas de berenjena para que quepan en una sola capa sin amontonarlas. Cocine hasta que se dore por un lado, aproximadamente 3 minutos, luego voltee y dore por el otro lado, aproximadamente 2 a 3 minutos más. Dejar escurrir las rodajas sobre papel de cocina. Cocine las rodajas de berenjena restantes de la misma forma.

3. Coloca una rejilla en el centro del horno. Precaliente el horno a 350 ° F. Extienda una fina capa de salsa de tomate en una fuente para hornear de 13 × 9 × 2 pulgadas. Formar una capa de rodajas de berenjena superponiéndolas ligeramente. Cubrir con una capa de mozzarella, otra capa de salsa y un poco de queso rallado. Repetir las capas y terminar con berenjenas, salsa y queso rallado.

4. Cocine por 45 minutos o hasta que la salsa hierva. Dejar reposar 10 minutos antes de servir.

hinojo asado

hinojo al horno

Rinde 4 porciones

Cuando era pequeña nunca comíamos hinojo cocido. Siempre se servía crudo, dando un toque crujiente refrescante a las ensaladas o en gajos al final de la comida, especialmente durante las grandes celebraciones navideñas. Pero el horneado atenúa parte del sabor y cambia su consistencia, volviéndolo suave y tierno.

2 bulbos de hinojo medianos (aproximadamente 1 libra)

1/4 taza de aceite de oliva

Sabroso

1. Coloca una rejilla en el centro del horno. Precaliente el horno a 425 ° F. Recorte los tallos de hinojo verde hasta llegar al bulbo redondeado. Elimine los hematomas con un cuchillo pequeño o un pelador de verduras. Corta una capa fina desde el extremo de la raíz. Corta el hinojo por la mitad a lo largo. Corta cada mitad a lo largo en rodajas de 1/2 pulgada de grosor.

2. Vierta el aceite en un molde para hornear de 13x9x2 pulgadas. Añade las rodajas de hinojo y voltéalas para cubrirlas con aceite. Coloca las rodajas en una sola capa. Espolvorea con sal.

3. Cubre la sartén con papel de aluminio. Cocine por 20 minutos. Cubra y cocine por otros 15 a 20 minutos o hasta que el hinojo esté tierno al pincharlo con un cuchillo. Servir caliente oa temperatura ambiente.

Hinojo con parmesano

Hinojo con parmesano

Rinde 6 porciones

Este hinojo primero se cuece a fuego lento en agua para que quede más tierno. Luego se sazona con parmesano rallado y se fríe. Sirva con rosbif o cerdo.

2 bulbos pequeños de hinojo (aproximadamente 1 libra)

Sabroso

2 cucharadas de mantequilla sin sal

Pimienta negra recién molida

¼ taza de Parmigiano-Reggiano rallado

1. Coloca una rejilla en el centro del horno. Precaliente el horno a 450 ° F. Unte generosamente con mantequilla un molde para hornear de 13 × 9 × 2 pulgadas.

2. Corta los tallos de hinojo verde hasta llegar al bulbo redondo. Elimine los hematomas con un cuchillo pequeño o un pelador de verduras. Corta una capa fina desde el extremo de la raíz. Corte

los bulbos a lo largo a través del corazón en rodajas de 1/4 de pulgada de grosor.

3. Pon a hervir 2 litros de agua en una cacerola grande. Agrega hinojo y 1 cucharadita de sal. Reduzca el fuego y cocine a fuego lento, sin tapar, hasta que el hinojo esté tierno y crujiente, de 8 a 10 minutos. Escurrir bien y secar.

4. Coloca las rodajas de hinojo en una sola capa en la fuente para horno. Unte con mantequilla y espolvoree con sal y pimienta al gusto. Terminar con el queso. Hornea por 10 minutos o hasta que el queso esté ligeramente dorado. Servir caliente oa temperatura ambiente.

Hinojo con salsa de anchoas

Hinojo en salsa de anchoas

Rinde 4 porciones

En lugar de ablandar el hinojo hirviéndolo, en esta receta lo tapas y lo cocinas en el horno, dejándolo cocer en su propio jugo. El sabor permanece sin cambios y el hinojo queda ligeramente crujiente pero aún tierno. Si prefieres el hinojo más suave, precocínalo según la receta.Hinojo con parmesano.

Como el hinojo cocinado de esta manera es tan sabroso, me gusta servirlo con pollo a la parrilla o chuletas de cerdo. También es un buen aperitivo a temperatura ambiente.

2 bulbos de hinojo medianos (aproximadamente una libra)

4 filetes de anchoa, escurridos y cortados en trozos pequeños

2 cucharadas de perejil fresco picado

2 cucharadas de alcaparras, enjuagadas y escurridas

Pimienta negra recién molida

sal (opcional)

¹1/4 taza de aceite de oliva

1. Coloca una rejilla en el centro del horno. Precaliente el horno a 375 ° F. Engrase una fuente para hornear de 13 × 9 × 2 pulgadas.

2. Corta los tallos de hinojo verde hasta llegar al bulbo redondo. Elimine los hematomas con un cuchillo pequeño o un pelador de verduras. Corta una capa fina desde el extremo de la raíz. Corte los bulbos a lo largo a través del corazón en rodajas de 1/4 de pulgada de grosor.

3. Coloca el hinojo en una sola capa en la fuente para horno, superponiendo ligeramente las rodajas. Espolvorea con anchoas, perejil, alcaparras y pimienta. Agrega sal si es necesario. Sazone con aceite.

4. Cubre la sartén con papel de aluminio. Cocine por 40 minutos o hasta que el hinojo esté tierno. Retire con cuidado el papel de aluminio y cocine durante 5 minutos más, o hasta que el hinojo esté tierno al perforarlo, pero no blando. Dejar enfriar un poco antes de servir.

Judías Verdes Con Perejil Y Ajo

Judías verdes con ajo

Rinde 4 porciones

El perejil fresco es indispensable en la cocina italiana. Siempre tengo un montón en la nevera. Cuando lo traigo a casa de la tienda, le corto los extremos y coloco los tallos en una olla con agua. Cubierto con una bolsa de plástico, el perejil se mantendrá fresco en el refrigerador durante al menos una semana, especialmente si tengo cuidado al cambiar el agua del frasco. Lavar el perejil antes de usarlo para eliminar posibles residuos y quitar las hojas de los tallos. Pica el perejil sobre una tabla con un cuchillo de chef grande, o si lo prefieres, simplemente pícalo en trozos pequeños. El perejil fresco picado aporta color y frescura a muchos alimentos.

Como variante puedes añadir estas judías a la sartén una última vez con un poco de ralladura de limón antes de servir.

1 libra de judías verdes

Sabroso

3 cucharadas de aceite de oliva

1 diente de ajo picado

2 cucharadas de perejil fresco picado

Pimienta negra recién molida

1. Retire los extremos del tallo de las judías verdes. Ponga a hervir unos 2 litros de agua en una cacerola grande. Agrega los frijoles y sal al gusto. Cocine sin tapar hasta que los frijoles estén tiernos y crujientes, de 4 a 5 minutos.

2. Escurrir y secar los frijoles. (Si no los va a usar de inmediato, déjelos enfriar con agua corriente fría. Envuelva los frijoles en una toalla y déjelos reposar a temperatura ambiente por hasta 3 horas).

3. Justo antes de servir, calienta el aceite con el ajo y el perejil en una sartén grande a fuego medio. Agrega las judías y una pizca de pimienta. Revuelva suavemente durante 2 minutos hasta que esté caliente. Servir caliente.

Judías Verdes Con Avellanas

Judías verdes con avellanas

Rinde 4 porciones

Las nueces y las almendras también quedan ricas con estos frijoles, si lo prefieres.

1 libra de judías verdes

Sabroso

3 cucharadas de mantequilla sin sal

⅓ taza de avellanas picadas

1. Retire los extremos del tallo de las judías verdes. Ponga a hervir unos 2 litros de agua en una cacerola grande. Agrega los frijoles y sal al gusto. Cocine sin tapar hasta que los frijoles estén tiernos y crujientes, de 4 a 5 minutos.

2. Escurrir bien las judías y secarlas. (Si no los va a usar de inmediato, déjelos enfriar con agua corriente fría. Envuelva los frijoles en una toalla y déjelos reposar a temperatura ambiente por hasta 3 horas).

3. Justo antes de servir, calienta la mantequilla en una sartén grande. Agregue las avellanas y cocine, revolviendo con frecuencia, hasta que las nueces estén ligeramente tostadas y la mantequilla ligeramente dorada, aproximadamente 3 minutos.

4. Añade las judías y una pizca de sal. Cocine, revolviendo con frecuencia, hasta que esté completamente caliente, de 2 a 3 minutos. Servir inmediatamente.

Judías verdes con salsa verde

Judías verdes con pesto

Rinde 4 porciones

Si lo desea, agregue papas nuevas hervidas a estas judías verdes. Sírvelos con salmón a la parrilla o filetes de atún.

1/4 taza salsa verde

1 libra de judías verdes

Sabroso

1. Si es necesario, prepara la salsa verde. Luego corte los extremos del tallo de las judías verdes. Ponga a hervir unos 2 litros de agua en una cacerola grande. Agrega los frijoles y sal al gusto. Cocine sin tapar hasta que los frijoles estén tiernos, de 5 a 6 minutos.

2. Escurrir bien las judías y secarlas. Mezclar con la salsa. Servir caliente oa temperatura ambiente.

ensalada de judías verdes

Judías verdes saladas

Rinde 6 porciones

Las anchoas y las hierbas frescas le dan sabor a esta ensalada de judías verdes. Si lo deseas, añade unas tiras de pimiento rojo asado.

11/2 libras de judías verdes

4 filetes de anchoa

2 dientes de ajo picados

2 cucharadas de perejil fresco picado

1 cucharada de menta fresca picada

1/4 taza de aceite de oliva

2 cucharadas de vinagre de vino tinto

Sal y pimienta negra recién molida

1. Retire los extremos del tallo de las judías verdes. Ponga a hervir unos 2 litros de agua en una cacerola grande. Agrega los frijoles

y sal al gusto. Cocine sin tapar hasta que los frijoles estén tiernos, de 5 a 6 minutos.

2. Enjuague las judías verdes con agua fría y escúrralas bien. Yo sé eso.

3. En un tazón mediano, combine las anchoas, el ajo, el perejil, la menta, la sal y la pimienta al gusto. Agrega el aceite y el vinagre.

4. Mezcle las judías verdes con el aderezo y sirva.

Judías verdes en salsa de tomate y albahaca

Judías verdes en salsa de tomate

Rinde 6 porciones

Combinan bien con salchichas o costillas a la parrilla.

11/2 libras de judías verdes

Sabroso

2 cucharadas de mantequilla sin sal

1 cebolla pequeña finamente picada

2 tazas de tomates frescos pelados, sin semillas y picados

Pimienta negra recién molida

6 hojas de albahaca fresca, picadas

1. Retire los extremos del tallo de las judías verdes. Ponga a hervir unos 2 litros de agua en una cacerola grande. Agrega los frijoles y sal al gusto. Cocine sin tapar hasta que los frijoles estén tiernos y crujientes, de 4 a 5 minutos. Enjuague las judías verdes con agua fría y escúrralas bien. Yo sé eso.

2. Derrita la mantequilla en una cacerola mediana a fuego medio. Agregue la cebolla y cocine, revolviendo con frecuencia, hasta que se dore, aproximadamente 10 minutos. Agrega los tomates y sal y pimienta al gusto. Llevar a ebullición y cocinar durante 10 minutos.

3. Agrega las judías verdes y la albahaca. Cocine hasta que esté completamente caliente, unos 5 minutos más.

Judías verdes con tocino y cebolla

Judías verdes con tocino

Rinde 6 porciones

Las judías verdes son más sabrosas y tienen mejor textura cuando se cocinan. El tiempo exacto de cocción depende del tamaño, la frescura y la madurez de los frijoles. Normalmente pruebo uno o dos para estar seguro. Me gustan cuando ya no se rompen pero no quedan blandos ni blandos. Esta receta proviene de Friuli-Venezia Giulia.

1 libra de judías verdes

Sabroso

½ taza de tocino picado (aproximadamente 2 onzas)

1 cebolla pequeña picada

2 dientes de ajo picados

2 cucharadas de perejil fresco picado

2 hojas frescas de salvia

2 cucharadas de aceite de oliva

1. Retire los extremos del tallo de las judías verdes. Ponga a hervir unos 2 litros de agua en una cacerola grande. Agrega los frijoles y sal al gusto. Cocine sin tapar hasta que los frijoles estén tiernos y crujientes, de 4 a 5 minutos. Enjuague las judías verdes con agua fría y escúrralas bien. Yo sé eso. Corta las judías verdes en trozos pequeños.

2. En una sartén grande, cocina el tocino, la cebolla, el ajo, el perejil y la salvia en aceite a fuego medio hasta que la cebolla esté dorada, aproximadamente 10 minutos. Añade las judías verdes y una pizca de sal. Cocine hasta que esté completamente caliente, unos 5 minutos más. Servir caliente.

Judías verdes con salsa de tomate y tocino

Judías verdes con salsa de tomate y tocino

Rinde 4 porciones

Estos frijoles son una excelente comida con tortilla o tortilla.

1 libra de judías verdes

Sabroso

¼ taza de tocino picado (aproximadamente 1 onza)

1 diente de ajo picado

2 cucharadas de aceite de oliva

2 tomates maduros grandes, pelados, sin semillas y picados

2 ramitas de romero fresco

Pimienta negra recién molida

1. Prepare los frijoles como se describe en el paso 1 deJudías verdes con tocino y cebollareceta, pero no los cortes en pedazos.

2. En una cacerola mediana, saltee el tocino y el ajo en aceite a fuego medio hasta que se doren, aproximadamente 5 minutos.

Agrega los tomates, el romero, sal y pimienta al gusto. Llevar a ebullición y cocinar durante 10 minutos.

3. Agrega los frijoles a la salsa y cocina hasta que estén tiernos, aproximadamente 5 minutos. Retire el romero. Servir caliente.

Judías verdes con parmesano

Judías verdes con parmesano

Rinde 4 porciones

La ralladura de limón, la nuez moscada y el queso dan sabor a estas judías verdes. Utilice ingredientes frescos para obtener mejores resultados.

1 libra de judías verdes, picadas

2 cucharadas de mantequilla

1 cebolla pequeña picada

½ cucharadita de ralladura de limón recién rallada

Una pizca de nuez moscada recién molida

Sal y pimienta negra recién molida

¼ taza de Parmigiano-Reggiano recién rallado

1. Retire los extremos del tallo de las judías verdes. Ponga a hervir unos 2 litros de agua en una cacerola grande. Agrega los frijoles y sal al gusto. Cocine sin tapar hasta que los frijoles estén tiernos

y crujientes, de 4 a 5 minutos. Enjuague las judías verdes con agua fría y escúrralas bien. Yo sé eso.

2. Derrita la mantequilla en una sartén mediana a fuego medio. Agrega la cebolla y cocina hasta que esté dorada, aproximadamente 10 minutos. Agrega los frijoles, la ralladura de limón, la nuez moscada, sal y pimienta al gusto. Espolvorea con queso y retira del fuego. Deje que el queso se derrita un poco y sirva caliente.

Lavar Frijoles Con Aceitunas

Judías Verdes Amarillas con Aceituna

Rinde 4 porciones

Las aceitunas negras brillantes y el perejil verde proporcionan un contraste de color vibrante con los granos de cera de color amarillo pálido; Las judías verdes también quedan deliciosas preparadas de esta manera. Para servir estos frijoles a temperatura ambiente, reemplaza la mantequilla con aceite de oliva, que se endurece al enfriarse.

1 libra de cera amarilla o judías verdes

Sabroso

3 cucharadas de mantequilla sin sal

1 cebolla pequeña picada

1 diente de ajo picado

1/2 taza de aceitunas negras suaves, como Gaeta, sin hueso y picadas

2 cucharadas de perejil fresco picado

1.Retire los extremos del tallo de las judías verdes. Ponga a hervir unos 2 litros de agua en una cacerola grande. Agrega los frijoles y sal al gusto. Cocine sin tapar hasta que los frijoles estén tiernos y crujientes, de 4 a 5 minutos. Enjuague las judías verdes con agua fría y escúrralas bien. Yo sé eso. Corta los frijoles en trozos de 1 pulgada.

2.Derrita la mantequilla a fuego medio en una sartén lo suficientemente grande como para contener todos los frijoles. Agrega la cebolla y el ajo y cocina hasta que estén suaves y dorados, aproximadamente 10 minutos.

3.Agregue los frijoles, las aceitunas y el perejil hasta que estén calientes, aproximadamente 2 minutos. Servir caliente.

espinacas con limon

Espinacas con limón

Rinde 4 porciones

Un chorrito de buen aceite de oliva y unas gotas de jugo de limón fresco realzan el sabor de las espinacas cocidas u otras verduras de hojas verdes.

2 libras de espinacas frescas, sin tallos duros

1/4 taza de agua

Sabroso

aceite de oliva virgen extra

rodajas de limon

1. Lavar bien las espinacas haciendo varios cambios de agua fría. Coloca las espinacas, el agua y una pizca de sal en una olla grande. Tapa la sartén y ajusta el fuego a medio-alto. Cocine 5 minutos o hasta que las espinacas estén suaves y tiernas. Escurre las espinacas y exprime el exceso de agua.

2. En un recipiente para servir, rocíe las espinacas con aceite de oliva al gusto.

3. Sirva caliente o a temperatura ambiente, adornado con rodajas de limón.

Espinacas u otras verduras con mantequilla y ajo

verdura de burro

Rinde 6 porciones

La suavidad de la mantequilla y el ajo combina especialmente bien con el ligero amargor de verduras como las espinacas o las acelgas.

2 libras de espinacas, sin tallos duros

1/4 taza de agua

Sabroso

2 cucharadas de mantequilla sin sal

1 diente de ajo picado

Pimienta negra recién molida

1. Lavar bien las espinacas haciendo varios cambios de agua fría. Coloca las espinacas, el agua y una pizca de sal en una olla grande. Tapa la sartén y ajusta el fuego a medio-alto. Cocine 5 minutos o hasta que las espinacas estén suaves y tiernas. Escurre las espinacas y exprime el exceso de agua.

2. Derrita la mantequilla en una sartén mediana a fuego medio. Agregue el ajo y cocine hasta que se dore, aproximadamente 2 minutos.

3. Agrega las espinacas, sal y pimienta al gusto. Cocine, revolviendo ocasionalmente, hasta que esté completamente caliente, aproximadamente 2 minutos. Servir caliente.

Espinacas con pasas y piñones

Espinacas con Uvas y Piñones

Rinde 4 porciones

Las pasas y los piñones se utilizan para dar sabor a muchos platos en el sur de Italia y en toda la zona del Mediterráneo. También se pueden preparar de esta forma acelgas o acelgas.

2 libras de espinacas frescas, sin tallos duros

1/4 taza de agua

Sabroso

2 cucharadas de mantequilla sin sal

Pimienta negra recién molida

2 cucharadas de pasas

2 cucharadas de piñones tostados

1. Lavar bien las espinacas haciendo varios cambios de agua fría. Coloca las espinacas, el agua y una pizca de sal en una olla grande. Tapa la sartén y ajusta el fuego a medio-alto. Cocine 5

minutos o hasta que las espinacas estén suaves y tiernas. Escurre las espinacas y exprime el exceso de agua.

2. Limpia la sartén. Derrita la mantequilla en la sartén y luego agregue las espinacas y las pasas. Revuelva una o dos veces y cocine por 5 minutos hasta que las pasas estén suaves. Espolvorea con piñones y sirve inmediatamente.

Espinacas con anchoas del Piamonte

espinacas piamontesas

Rinde 6 porciones

En Piamonte, estas deliciosas espinacas se suelen servir sobre rebanadas de pan fritas en mantequilla, pero también son sabrosas solas. Otra variación es condimentar las espinacas con huevos fritos o escalfados.

2 libras de espinacas frescas, sin tallos duros

1/4 taza de agua

Sabroso

1/4 taza de mantequilla sin sal

4 filetes de anchoa

1 diente de ajo picado

1. Lavar bien las espinacas haciendo varios cambios de agua fría. Coloca las espinacas, el agua y una pizca de sal en una olla grande. Tapa la sartén y ajusta el fuego a medio-alto. Cocine 5 minutos o hasta que las espinacas estén suaves y tiernas. Escurre las espinacas y exprime el exceso de agua.

2. Limpia la sartén. Derrita la mantequilla en la sartén. Agregue las anchoas y el ajo y cocine, revolviendo, hasta que las anchoas se derritan, aproximadamente 2 minutos. Agregue las espinacas y cocine, revolviendo constantemente, hasta que estén completamente calientes, de 2 a 3 minutos. Servir caliente.

Escarola con ajo

Escarola con Ajo

Rinde 4 porciones

La escarola pertenece a la amplia y variada familia de las achicorias, que incluye la escarola, la frisée, el diente de león y la achicoria. La escarola es muy apreciada en la cocina napolitana. Las cabezas de achicoria se rellenan y se cuecen, las tiernas hojas interiores se comen crudas en ensaladas y la escarola también se cocina en sopa. Varíe este plato omitiendo el chile y agregando ¼ de taza de pasas.

1 taza de escarola (aproximadamente 1 libra)

3 cucharadas de aceite de oliva

3 dientes de ajo, en rodajas finas

Una pizca de pimiento rojo molido (opcional)

Sabroso

1. Cortar la escarola y quitarle las hojas machacadas. Recorta los extremos del tallo. Separa las hojas y lávalas bien con agua fría, especialmente en el centro de las hojas donde se acumula la

suciedad. Apila las hojas una encima de otra y córtalas en trozos pequeños.

2. Cocine el ajo y el chile, si los usa, en una cacerola grande en aceite de oliva a fuego medio hasta que el ajo esté dorado, aproximadamente 2 minutos. Agrega la escarola y sazona con sal. Mezclar bien. Tape la sartén y cocine hasta que la escarola esté tierna, aproximadamente de 12 a 15 minutos. Servir caliente.

Diente De León Con Patatas

Diente De León Con Patatas

Rinde 4 porciones

La col rizada o las acelgas se pueden sustituir por hojas de diente de león; Necesitas una verdura que sea lo suficientemente robusta como para poder cocinarla al mismo tiempo que las patatas. Un poco de vinagre de vino realza el sabor de estas verduras y las patatas al ajillo.

1 manojo de dientes de león (aproximadamente 1 libra)

6 patatas pequeñas cerosas, peladas y cortadas en rodajas

Sabroso

3 dientes de ajo, picados

3 cucharadas de aceite de oliva

1 cucharada de vinagre de vino blanco

1. Poda el diente de león y retira las hojas magulladas. Recorta los extremos del tallo. Separa las hojas y lávalas bien con agua fría, especialmente en el centro de las hojas donde se acumula la suciedad. Corta las hojas transversalmente en trozos pequeños.

2. Llevar a ebullición unos 4 litros de agua. Agrega los gajos de papa, el diente de león y sal al gusto. Hierva el agua y cocine hasta que las verduras estén tiernas, aproximadamente 10 minutos. Escurrir bien.

3. En una sartén grande, saltee el ajo en aceite hasta que esté dorado, aproximadamente 2 minutos. Añade las verduras, el vinagre y una pizca de sal. Cocine, revolviendo bien, hasta que esté completamente caliente, aproximadamente 2 minutos. Servir caliente.

Champiñones con Ajo y Perejil

Hongos

Rinde 4 porciones

Esta es probablemente la forma más popular de preparar setas en Italia. Intente agregar algunas variedades de hongos exóticos para darle más sabor.

1 paquete (10 a 12 onzas) de champiñones blancos

1/4 taza de aceite de oliva

2 cucharadas de perejil fresco picado

2 dientes de ajo grandes, en rodajas finas

Sal y pimienta negra recién molida

1. Coloque los champiñones en un colador y enjuáguelos rápidamente con agua fría. Escurrir los champiñones y secarlos. Corta los champiñones por la mitad o en cuartos si son grandes. Recorta las puntas cuando se vean secas.

2. Calienta el aceite en una sartén grande a fuego medio. Agrega los champiñones. Cocine, revolviendo con frecuencia, hasta que los

champiñones estén dorados, de 8 a 10 minutos. Agrega el perejil, el ajo, la sal y la pimienta. Cocine hasta que el ajo esté dorado, unos 2 minutos más. Servir caliente.

setas genovesas

Hongos todas las hierbas

Rinde 6 porciones

Las colinas que rodean Génova están llenas de setas y hierbas silvestres, por lo que los chefs las utilizan de muchas maneras. Para este plato se utilizan habitualmente setas porcini, aunque puedes sustituirlas por cualquier seta cultivada de gran tamaño. Dado que los hongos porcini generalmente no están disponibles en los Estados Unidos, los sustituyo por hongos portobello regordetes y sabrosos. A veces los sirvo como pieza central de una comida sin carne.

6 champiñones portobello grandes

4 cucharadas de aceite de oliva

Sal y pimienta negra recién molida

2 dientes de ajo picados

3 cucharadas de perejil fresco de hoja plana finamente picado

1 cucharadita de romero fresco picado

1/2 cucharadita de mejorana seca

1. Coloca una rejilla en el centro del horno. Precaliente el horno a 425 ° F. Engrase una bandeja para hornear lo suficientemente grande como para contener las tapas de los champiñones en una sola capa.

2. Limpiar las setas con papel de cocina húmedo. Quitar los tallos a los champiñones y cortar los extremos donde se acumula la tierra. Corta los tallos en rodajas finas. Coloca los tallos de los champiñones en un bol y mézclalos con 2 cucharadas de aceite.

3. Coloca las tapas de los champiñones en la sartén con el lado abierto hacia arriba. Condimentar con sal y pimienta.

4. En un tazón pequeño, combine el ajo, el perejil, el romero, la mejorana, la sal y la pimienta al gusto. Mezclar con las 2 cucharadas de aceite restantes. Vierta una pizca de la mezcla de hierbas sobre cada tapa de champiñón. Terminar con los tallos.

5. Cocine por 15 minutos. Revisa los champiñones para ver si la sartén está demasiado seca. Si es necesario, añade un poco de agua tibia. Cocine por 15 minutos más o hasta que esté bien cocido. Servir caliente oa temperatura ambiente.

champiñones asados

Champiñones Al Horno

Rinde de 4 a 6 porciones

En primavera y otoño, cuando son más populares, los hongos porcini se asan en aceite de oliva hasta que estén ligeramente dorados en los bordes pero tiernos y regordetes por dentro. Los hongos porcini son raros y costosos en los Estados Unidos, pero puedes aplicar el mismo tratamiento a otros tipos de hongos carnosos y regordetes, como los cremini, los portobello o los hongos blancos, con buenos resultados. Sin embargo, no llenes demasiado la sartén, ya que algunas variedades liberan mucha agua y los champiñones se cocinarán al vapor en lugar de dorarse.

1 libra de champiñones, como blancos, cremini o portobello

4 dientes de ajo grandes, cortados en rodajas finas

1/4 taza de aceite de oliva virgen extra

Sal y pimienta negra recién molida

1. Coloca una rejilla en el centro del horno. Precaliente el horno a 400 ° F. Limpie los champiñones con toallas de papel húmedas. Quitar los tallos a los champiñones y cortar los extremos donde

se acumula la tierra. Corta los champiñones en cuartos o en octavos si son grandes. Sazone los champiñones, el ajo y el aceite con sal y pimienta al gusto en una fuente para horno lo suficientemente grande como para contener los ingredientes en una sola capa. Distribuirlos uniformemente en la sartén.

2.Ase durante 30 minutos, revolviendo una o dos veces, hasta que los champiñones estén suaves y dorados. Servir caliente.

crema de champiñones

Champiñones en crema

Rinde 4 porciones

Estos champiñones cremosos son divinos como acompañamiento de un bistec o como aperitivo, servidos sobre finas rebanadas de pan tostado.

1 paquete (10 a 12 onzas) de champiñones blancos

2 cucharadas de mantequilla sin sal

1/4 taza de chalotes picados

Sal y pimienta negra recién molida

1/2 taza de crema batida

1. Limpiar las setas con papel de cocina húmedo. Quitar los tallos a los champiñones y cortar los extremos donde se acumula la tierra. Cortar los champiñones en rodajas gruesas.

2. Derrita la mantequilla en una sartén grande a fuego medio. Agregue la chalota y cocine hasta que se ablande, aproximadamente 3 minutos. Agrega los champiñones y sal y

pimienta al gusto. Cocine, revolviendo con frecuencia, hasta que los champiñones estén ligeramente dorados, aproximadamente 10 minutos.

3. Añade la nata y lleva a ebullición. Cocine hasta que la crema esté espesa, aproximadamente 2 minutos. Sirva caliente o bien caliente.

Champiñones rellenos cremosos fritos

Moldes ya gratinados

Rinde 4 porciones

Me gusta servirlos como guarnición de un simple bistec a la parrilla o rosbif, pero los champiñones más pequeños preparados de esta manera también son deliciosos como aperitivo.

12 champiñones blancos o cremini grandes

4 cucharadas de mantequilla sin sal

1/4 taza de chalotes o cebolla finamente picada

1 cucharadita de tomillo fresco picado o una pizca de tomillo seco

Sal y pimienta negra recién molida

1/4 taza de crema espesa o para batir

2 cucharadas de pan rallado seco

1. Limpiar las setas con papel de cocina húmedo. Quitar los tallos a los champiñones y cortar los extremos donde se acumula la tierra. Corta los tallos.

2. En una sartén mediana, derrita 2 cucharadas de mantequilla. Añade los tallos de los champiñones, las chalotas y el tomillo. Condimentar con sal y pimienta. Cocine, revolviendo con frecuencia, hasta que los tallos de los champiñones estén ligeramente dorados, aproximadamente 10 minutos.

3. Agregue la crema y cocine a fuego lento hasta que espese, aproximadamente 2 minutos. Alejar del calor.

4. Coloca una rejilla en el centro del horno. Precalienta el horno a 180 ° C. Unta con mantequilla una bandeja para hornear lo suficientemente grande como para contener las tapas de los champiñones en una sola capa.

5. Vierta la mezcla de crema sobre los párpados. Coloca los cogollos en la sartén preparada. Espolvorea con pan rallado. Espolvorea con las 2 cucharadas de mantequilla restantes.

6. Cocine los champiñones durante 15 minutos o hasta que las migajas estén doradas y las tapas suaves. Servir caliente.

Champiñones Con Tomate Y Hierbas

Champiñones con tomate

Rinde 4 porciones

Estos champiñones se cocinan con ajo, tomate y romero. Colócalos sobre las chuletas o filetes.

1 libra de champiñones blancos

1/4 taza de aceite de oliva

1 diente de ajo picado

1 cucharadita de romero fresco picado

1 tomate grande, pelado, sin semillas y cortado en trozos pequeños

Sal y pimienta negra recién molida

2 cucharadas de perejil fresco picado

1. Limpiar las setas con papel de cocina húmedo. Quitar los tallos a los champiñones y cortar los extremos donde se acumula la tierra. Corta los champiñones por la mitad o en cuartos. Calienta el aceite en una sartén grande a fuego medio. Agrega los champiñones, el ajo y el romero. Cocine, revolviendo con

frecuencia, hasta que los champiñones estén dorados, aproximadamente 10 minutos.

2. Agrega el tomate, sal y pimienta al gusto. Cocine hasta que los jugos se evaporen, unos 5 minutos más. Agrega el perejil y sirve inmediatamente.

setas en Marsala

Hongos en Marsala

Rinde 4 porciones

Las setas y Marsala están hechas el uno para el otro. Sírvelo con pollo o ternera.

1 paquete (10 a 12 onzas) de champiñones blancos

1/4 taza de mantequilla sin sal

1 cucharada de aceite de oliva

1 cebolla mediana picada

Sal y pimienta negra recién molida

2 cucharadas de Marsala seco

2 cucharadas de perejil fresco picado

1. Limpiar las setas con papel de cocina húmedo. Quitar los tallos a los champiñones y cortar los extremos donde se acumula la tierra. Corta los champiñones por la mitad o en cuartos si son grandes. Derrita la mantequilla y el aceite en una sartén grande

a fuego medio. Agregue la cebolla y cocine hasta que esté suave, 5 minutos.

2. Agrega los champiñones, sal y pimienta al gusto y el Marsala. Cocine, revolviendo con frecuencia, hasta que la mayor parte del líquido se haya evaporado y los champiñones estén ligeramente dorados, aproximadamente 10 minutos. Agrega el perejil y retira del fuego. Servir caliente.

champiñones asados

Champiñones a la parrilla

Rinde 4 porciones

Las setas grandes como el portobello, el shiitake y, especialmente, los boletus son deliciosas cocinadas a la parrilla. La textura y el sabor son carnosos y jugosos, realzados por los sabores ahumados de la parrilla. Los tallos del shiitake son demasiado leñosos para comerlos. Desenvolverlos y cocinar sólo la parte superior.

4 champiñones frescos grandes, como shiitake, portobello o porcini

3-4 cucharadas de aceite de oliva

2 o 3 dientes de ajo grandes

2 cucharadas de perejil fresco picado

Sal y pimienta negra recién molida

1. Coloque una barbacoa o parrilla a unas 2 pulgadas de la fuente de calor. Precalienta la parrilla o barbacoa.

2. Limpiar las setas con papel de cocina húmedo. Quitar los tallos a los champiñones y cortar los extremos donde se acumula la

tierra. Corta los tallos de los champiñones portobello o porcini en rodajas gruesas. Deseche los tallos de los hongos shiitake. Unte los champiñones con aceite. Coloque los brotes y los tallos en la parrilla con las puntas redondeadas de los brotes hacia la fuente de calor. Ase hasta que esté ligeramente dorado, aproximadamente 5 minutos.

3. En un tazón pequeño, combine 2 cucharadas de aceite, ajo, perejil, sal y pimienta al gusto. Dale la vuelta a los trozos de champiñones y úntalos con la mezcla de aceite.

4. Cocine hasta que los champiñones estén tiernos, de 2 a 3 minutos más. Servir caliente.

champiñones fritos

Champiñones fritos

Rinde 6 porciones

Una crujiente costra de pan rallado cubre estas setas. Son deliciosos como aperitivo.

1 taza de pan rallado seco

¼ taza de Parmigiano-Reggiano recién rallado

2 huevos grandes, batidos

Sal y pimienta negra recién molida

1 libra de champiñones blancos frescos

Aceite vegetal para freír

rodajas de limon

1. Mezclar el pan rallado con el queso sobre un trozo de papel de horno y esparcir la mezcla sobre una hoja de papel de horno.

2. En un bol pequeño batir los huevos con sal y pimienta al gusto.

3. Enjuague rápidamente los champiñones con agua fría. Secalos. Córtalas por la mitad o en cuartos si son grandes. Sumerge los champiñones en la mezcla de huevo y cúbrelos completamente con pan rallado. Deje que el recubrimiento se seque durante aproximadamente 10 minutos.

4. Forra una bandeja con toallas de papel. Calienta el aceite en una sartén grande y profunda hasta que una pequeña gota de huevo chisporrotee y hierva rápidamente. Agrega los champiñones a la sartén, ya que caben en una sola capa sin amontonarse. Fríe los champiñones hasta que estén crujientes y dorados, aproximadamente 4 minutos. Transferir a toallas de papel para escurrir. Freír los champiñones restantes de la misma forma.

5. Sirve los champiñones calientes con rodajas de limón.

Gratinado de champiñones

Tiella de setas

Rinde 4 porciones

Se pueden usar champiñones blancos grandes en esta cazuela de Puglia en capas, o se pueden reemplazar con otra variedad carnosa como shiitake, portobello o cremini. Esto está hirviendo o a temperatura ambiente.

1 libra de champiñones portobello, cremini o blancos grandes, cortados en rodajas gruesas

½ taza de pan rallado seco

1/2 taza de pecorino romano recién rallado

2 cucharadas de perejil fresco picado

4 cucharadas de aceite de oliva

Sal y pimienta negra recién molida

2 cebollas medianas, en rodajas finas

2 tomates medianos, pelados, sin semillas y picados

1. Limpiar las setas con papel de cocina húmedo. Quitar los tallos a los champiñones y cortar los extremos donde se acumula la tierra. Corta los champiñones en rodajas de al menos 1/4 de pulgada de grosor. Coloca una rejilla en el centro del horno. Precaliente el horno a 350 ° F. Engrase una fuente para hornear de 13 × 9 × 2 pulgadas.

2. En un tazón mediano, combine el pan rallado, el queso y el perejil. Agrega 2 cucharadas de aceite y sal y pimienta al gusto.

3. Coloque la mitad de los champiñones en la bandeja para hornear, superponiendo ligeramente las rodajas. Coloque la mitad de las cebollas y los tomates encima de los champiñones. Condimentar con sal y pimienta. Unte con la mitad de la mezcla de migas. Repetir con el resto de los ingredientes. Rocíe con las 2 cucharadas de aceite restantes.

4. Cocine durante 45 minutos o hasta que los champiñones estén tiernos al pincharlos con un cuchillo. Servir caliente.

Setas de ostra con salchicha

Champiñones Con Salchichas

Rinde 4 porciones

Mi amigo Phil Cicconi guarda buenos recuerdos de su padre, Guido, originario de Ascoli Piceno, en la región de Las Marcas. Se instaló en el oeste de Filadelfia, donde había un enclave de lugareños, y le enseñó a Phil a buscar setas silvestres y brócoli en los campos cercanos a su casa. Ahora Phil continúa esta tradición con sus tres hijas. Particularmente populares son los hongos ostra, que crecen en algunos arces. La madre de Phil, Anna Maria, de Abruzzo, preparaba las setas de esta manera. Lo comieron como guarnición con pan italiano crujiente.

En esta receta puedes utilizar champiñones cardoncelli cultivados o sustituirlos por champiñones blancos en rodajas.

1 libra de champiñones ostra

2 cucharadas de aceite de oliva

2 dientes de ajo picados

2 chalotes, finamente picados

8 onzas de salchicha de cerdo italiana dulce, sin tripa

Sabroso

Una pizca de pimiento rojo molido

1 taza de tomates frescos pelados, sin semillas y picados

1. Limpiar las setas con papel de cocina húmedo. Corta los champiñones a lo largo de las cuchillas en tiras finas.

2. Vierta el aceite en una sartén grande. Agregue el ajo y las chalotas y cocine hasta que estén suaves, aproximadamente 2 minutos. Agregue la salchicha y cocine, revolviendo con frecuencia, hasta que se dore.

3. Agrega los champiñones, sal al gusto y la guindilla picada y mezcla bien. Agrega los tomates y 1/4 taza de agua. Llevar a ebullición.

4. Reducir el fuego y tapar la sartén. Cocine, revolviendo ocasionalmente, durante 30 minutos o hasta que la salchicha esté tierna y la salsa se haya espesado. Servir caliente.

pimientos en vinagre

Pimientos en Vinagre

Rinde 2 pintas

Los coloridos pimientos encurtidos son deliciosos en sándwiches o con carne. Estos pueden usarse para hacerSalsa de pimienta estilo molise.

2 pimientos rojos grandes

2 pimientos amarillos grandes

Sabroso

2 tazas de vinagre de vino blanco

2 tazas de agua

Una pizca de pimiento rojo molido

1. Coloca los pimientos en una tabla de cortar. Sostenga el mango con una mano y coloque el borde de un cuchillo de chef grande y pesado justo más allá del borde de la tapa. Cortar. Gira el pimiento 90° y córtalo nuevamente en rodajas. Repetir, volteando y cortando los dos lados restantes. Desecha el corazón, las semillas y el tallo, que quedarán enteros. Corta las

membranas y raspa las semillas. Cortar los pimientos a lo largo en tiras de 1 cm. Coloca los pimientos en un colador sobre un plato y espolvorea con sal. Deje reposar durante 1 hora para que escurra.

2. Combine el vinagre, el agua y el pimiento rojo triturado en una cacerola no reactiva. Llevar a ebullición. Retirar del fuego y dejar enfriar un poco.

3. Enjuague los pimientos con agua fría y séquelos. Coloca los pimientos en 2 tarros esterilizados de medio litro. Vierta la mezcla de vinagre enfriada y selle. Dejar en un lugar fresco y oscuro durante 1 semana antes de usar.

Pimientos Con Almendras

Pimientos todas las almendras

Rinde 4 porciones

Una vieja amiga de mi madre, cuya familia era de Ischia, una pequeña isla en el Golfo de Nápoles, le dio esta receta. A ella le gustaba servirlo para el almuerzo sobre rebanadas de pan italiano, frito hasta que se dore en aceite de oliva.

2 pimientos rojos y 2 amarillos

1 diente de ajo, ligeramente machacado

3 cucharadas de aceite de oliva

2 tomates medianos, pelados, sin semillas y picados

1/4 taza de agua

2 cucharadas de alcaparras

4 filetes de anchoa finamente picados

4 onzas de almendras tostadas, picadas en trozos grandes

1. Coloca los pimientos en una tabla de cortar. Sostenga el mango con una mano y coloque el borde de un cuchillo de chef grande y pesado justo más allá del borde de la tapa. Cortar. Gira el pimiento 90° y córtalo nuevamente en rodajas. Repetir, volteando y cortando los dos lados restantes. Desecha el corazón, las semillas y el tallo, que quedarán enteros. Corta las membranas y raspa las semillas.

2. Freír los ajos en una sartén grande con el aceite a fuego medio, presionándolos una o dos veces con el dorso de una cuchara. Una vez que esté ligeramente dorado, aproximadamente 4 minutos, deseche el ajo.

3. Agrega los pimientos a la sartén. Cocine, revolviendo con frecuencia, hasta que estén tiernos, aproximadamente 15 minutos.

4. Agrega los tomates y el agua. Cocine hasta que la salsa espese, unos 15 minutos más.

5. Añade las alcaparras, las anchoas y las almendras. Prueba la sal. Cocine por otros 2 minutos. Dejar enfriar un poco antes de servir.

www.ingramcontent.com/pod-product-compliance
Lightning Source LLC
Chambersburg PA
CBHW050618130526
44591CB00044B/1450